ARASSOCIATI

ARCHITETTURE MILANESI

MILANESE ARCHITECTURE

Progetto editoriale
Editorial Project

Forma Edizioni S.r.l.
Firenze, Italia
redazione@formaedizioni.it
www.formaedizioni.it

Direttore Editoriale
Editorial Director

Laura Andreini

Progetti Speciali
Special Projects

Anna Mainoli

Redazione
Editorial Staff

Maria Giulia Caliri
Livia D'Aliasi
Beatrice Papucci
Elena Varani

Progetto grafico e impaginazione
Graphic design and layout

Isabella Peruzzi
Valeria Pugliese

Curatela del volume per Arassociati
Edited for Arassociati by

Francesca da Pozzo
Francesca Romanò
Giulia Zambon
Giulia Spezia

Fotolitografia
Photolithography

LAB di Gallotti
Giuseppe Fulvio
Firenze, Italia

Traduzioni
Translations

Katy Hannan

Testi
Texts

© Gli autori
© The authors

Disegni di studio
Drawings

© Giovanni da Pozzo: pp. 20, 21, 22-23, 24, 25, 26, 27, 28, 30-31, 32
© Michele Tadini: pp. 12 (in alto / top), 30-31
© Massimo Scheurer: p. 29

Crediti fotografici
Photo credits

© AGC Glass Europe ph. J.M. Byl: p. 140 (in alto / top)
© George Apostolidis: p. 10 (a sinistra / left)
© Claus Brechenmacher & Reiner Baumann: pp. 134-135, 136-137, 138, 139
© Andrea Breda: pp. 54, 56-57, 88, 97, 159 (a sinistra / left), 160, 161
© Marco Cappelletti: pp. 106, 107, 109
© Chaoslab Studio: p. 140 (in basso / bottom)
© Confinivisivi: p. 12 (in basso / bottom)
© Thierry Delsart: pp. 116-117
© Vittorio Dozio: pp. 9, 13, 45, 48, 64, 68-69, 84-85, 90-91, 92, 93, 95, 127
© Echoo Studio: pp. 183, 184, 185, 197, 199, 200, 201, 212-213, 215, 216, 217, 218-219, 224, 225
© Alberto Ferrero: pp. 63, 67
© Marco Introini: pp. 87, 89
© Level Creative Studio: pp. 221, 223, 226-227
© Mondadori Portfolio / Electa / Marta Carenzi: p. 105
© Max Pintus: pp. 73, 74
© Christian Richters: p. 11
© Pietro Savorelli: pp. 6, 10 (a destra / right), 14, 19, 39, 40, 41, 42, 44, 46-47, 49, 51, 52, 53, 55, 58, 59, 61, 62, 65, 71, 75, 76, 77, 78-79, 80-81, 82, 83, 99, 100-101, 102, 103, 113, 114, 115, 118, 119, 121, 122, 123, 124-125, 129, 130-131, 142-143, 145, 146, 147, 148, 149, 150-151, 153, 155, 156, 157, 159 (a sinistra / left), 163, 165, 166-167, 169, 170-171, 172, 173, 174-175, 176, 177, 241, 242, 243, 244-245, 246, 247
© Stefano Boeri Architetti: p. 222
© Studio Dim: pp. 8, 179, 180, 181, 187, 188, 189, 191, 193, 194, 195, 229, 231, 233, 235
© Studio Solum: pp. 237, 239
© Tecma: pp. 203, 204, 205, 207, 208, 209, 211
© Tiziano Sartorio: pp. 120, 132, 133
© Dirk Verwoerd: pp. 110-111

Prima edizione: dicembre 2021

First edition: December 2021

ARASSOCIATI

ARCHITETTURE MILANESI

MILANESE ARCHITECTURE

a cura di
edited by
Anna Mainoli

FORMA

Questo libro è il risultato dell'appassionato lavoro di tante persone che hanno creduto e rinnovato la fiducia al nostro studio rendendo così possibile la realizzazione di questi progetti. Persone che si sono fatte promotrici di iniziative singolari e hanno condiviso idee di sviluppo e di architettura e che, attraverso la reciproca conoscenza, sono diventate per noi qualcosa di più dell'essere illuminati imprenditori milanesi.
Vogliamo ringraziarli tutti; in particolare Federico Consolandi e Marco Nolli, a cui siamo legati da una profonda amicizia, e Roberto Mariani e Federico Sassoli de Bianchi, per la sincera stima maturata nel tempo, oltre a Cristoforo Giorgi, magistrale costruttore bergamasco.
Un grazie va, anche, ai curatori e grafici di questo libro, in particolare ad Anna Mainoli che oltre alla precisione dei testi ha mediato con pazienza e fatto da raccordo con la casa editrice e, all'interno dello studio, a Francesca da Pozzo, Francesca Romanò e Giulia Zambon, per la fondamentale preparazione dei materiali di questo volume.
Un sentito ringraziamento, infine, a Federico Motta il cui interesse e la cui volontà hanno reso possibile la realizzazione del libro.

This book is the result of the heartfelt work by the many people who believed and renewed their faith in our firm, making it possible for us to realise these projects. People who encouraged and supported unusual initiatives and who shared ideas for development and architecture. Through reciprocal understanding, for us they have come to mean something far more than simply enlightened Milanese entrepreneurs.
We would like to thank them all; in particular, Federico Consolandi and Marco Nolli, with whom we have a close friendship, and Roberto Mariani and Federico Sassoli de Bianchi, for the sincere esteem that has grown over the years; not forgetting Cristoforo Giorgi, prodigious contractor *Bergamasco*.
Our thanks go to the editors and graphic artists who worked on this book, especially Anna Mainoli, not only for the precision of the texts, but also for her patient work as intermediary with the publishers. In the studio, our thanks to Francesca da Pozzo, Francesca Romanò and Giulia Zambon, for the fundamental preparatory work on the book material.
Last of all, our most sincere thanks to Federico Motta whose interest and efforts made the realisation of this book possible.

DISEGNARE MILANO

ANNA MAINOLI IN CONVERSAZIONE CON ARASSOCIATI

La scelta di dedicare questa monografia ai lavori milanesi di Arassociati nasce da due riflessioni: la prima è che lo studio ha un DNA milanese, intendendo con questo sia una certa attitudine nei confronti del progetto sia una conoscenza profonda, fisica e culturale, della città, che ha avuto anche un ruolo importante nella formazione degli stessi partner dello studio.
La seconda è che pochi studi negli ultimi decenni hanno avuto tante opportunità di intervenire nel cuore della città, in un tessuto di grande valore storico e architettonico, dalle vie Zecca Vecchia e Santa Marta, a Santa Maria alla Porta, a piazza Fontana, solo per citare alcuni interventi. Questa esperienza, che credo rappresenti un unicum, consente anche allo studio di decifrare le trasformazioni che la città ha subito e sta subendo e di intervenire con grande consapevolezza del contesto, secondo una filosofia rispettosa delle preesistenze ma non subalterna, e capace piuttosto di porsi in dialogo con la città e la storia, percepite come materia viva e parte del presente. Il lavoro di Arassociati potrebbe per questo essere ascritto a una significativa tradizione milanese, quella del professionismo colto che, insieme alla più vasta esperienza del Moderno, resta un riferimento dichiarato per i partner dello studio, la cui attività è saldamente ancorata ai valori del Razionalismo. Cosa che non ha impedito loro di fare propria, secondo una personale rielaborazione, la lezione rossiana e dunque di sperimentare liberandosi di tanti tabù, in primis di quello per l'ornamento.
Gli interventi di Arassociati si giocano dunque in questo equilibrio, riuscendo a inserirsi nel tessuto della città con grande naturalezza, come se fossero lì da sempre, rispettando allineamenti e fili di gronda, riprendendo i materiali nobili della tradizione e trovando spesso un ampio margine di libertà nei prospetti interni e in ambiti ignorati dal purismo modernista — come il progetto del verde — ridefinendo così l'abitare moderno secondo le esigenze contemporanee.
Una professione esercitata dai partner dello studio con una forte comunanza di vedute, rafforzatasi nel tempo. Di qui la scelta di rispondere alle domande di questa intervista come gruppo, come Arassociati.

AM → Anna Mainoli

Mi piacerebbe partire dal primo degli aspetti che più vi appartengono, da questo vostro DNA milanese, al di là della vostra esperienza internazionale che, se possibile, lo rafforza. La vostra stessa formazione vi ha consentito di acquisire una conoscenza della città e della cultura architettonica milanese che vale la pena raccontare.

AA → Arassociati

Il nostro rapporto con Milano è molto intimo. Questo riguarda sia chi di noi ci è nato e cresciuto, sia chi ci è arrivato durante o dopo gli studi. Abbiamo avuto modo di vivere la città degli anni Ottanta, quelli della ripresa economica, e di frequentare le case della tradizionale borghesia cittadina.
Restiamo convinti che sia fondamentale, per capire la città, viverla veramente, conoscere i luoghi, la gente, le abitudini.
Tuttavia, pur giovandoci di un rapporto con la città che nasce da un forte radicamento, siamo consapevoli che le vicende dell'architettura siano sempre legate alla committenza. Sono spesso i confronti con i giusti interlocutori a creare le opportunità. In tal senso noi interpretiamo alcuni fortunati incontri avvenuti all'inizio del nostro percorso. Abbiamo infatti trovato una committenza attenta, appassionata all'architettura, rivolta in particolare ai "luoghi irrisolti" della città, spesso vuoti rimasti tali dal dopoguerra. Dopo il primo intervento di questo tipo, in via Santa Maria alla Porta 7, ci è stata data fiducia ed è nata una collaborazione che ci ha portato a lavorare in aree centrali della città. Sono poi arrivati altri committenti, con cui si è sviluppato un rapporto saldo, tutti accomunati da una capacità di visione sulla città, dalla passione e dalla voglia di lasciare un segno. Sono caratteristiche da cui deriva una grande attenzione per l'aspetto architettonico e per la qualità di ciò che si costruisce.

AM →

Questo vi ha permesso di porvi, pur con evidenti e ovvie differenze, in continuità con una tradizione milanese importante, quella legata alla ricostruzione del dopoguerra.

**Santa Maria alla Porta 7, Milano.
Vista della facciata principale.**

Santa Maria alla Porta 7, Milan.
View of the main facade.

Il vostro è spesso un intervento di ricucitura di spazi irrisolti, fondato su una salda conoscenza della città e della sua storia architettonica.

AA → Siamo convinti che all'interno della città sia necessario operare con approcci differenti, modulando l'intervento rispetto alle preesistenze e al carattere dei luoghi. In questi giorni, ad esempio, ci stiamo accingendo a lavorare su due edifici tra via Zecca Vecchia e via Santa Marta, il cuore antico della città, delimitato dalle "cinque vie". L'area di progetto corrisponde a ruderi rimasti tali dai bombardamenti del 1943 e si trova nei pressi del progetto di Santa Maria alla Porta 7, del quale rappresenta un'ideale continuazione nell'affrontare il tema dei vuoti urbani da sempre irrisolti.
Sono interventi di ricucitura del tessuto tramite trasformazioni tipologiche adeguate al presente ma che rispettano l'aspetto morfologico e materico del contesto.
Si tratta di ambiti complessi, stratificati, e va riconosciuto alla committenza il coraggio di seguirci in queste sfide, di perseverare nonostante tempi di realizzazione spesso molto lunghi.
Possiamo affermare come oggi sia rinato uno spirito di ricostruzione, in cui si sceglie anche di demolire edifici privi di valore e costruire secondo una certa visione milanese, fatta di architettura di qualità inserita in un contesto forte e consolidato. È un processo, avviatosi alla fine degli anni Novanta, grazie al quale abbiamo visto Milano modificare il proprio DNA e affrontare il problema di aree di cui la città si era in un certo senso dimenticata. Tutto questo è avvenuto, appunto, grazie alla presenza di imprenditori colti e di architetti che hanno prestato la loro opera per realizzare interventi impensabili fino a pochi anni prima.

AM → Mi sembra che vi poniate, con un approccio razionale, nel segno della continuità. Non c'è in voi la ricerca del pezzo iconico, il vostro è un lavoro di attenzione alle relazioni storiche e al contesto seppur non mimetico.

AA → Crediamo fortemente che in certi ambiti sia necessario intervenire davvero in punta di piedi. L'idea di lasciare un segno iconico non ha alcun senso, è invece necessario essere consci che si opera in tessuti molto delicati, dove ci sono presenze storiche di grande importanza e dove lo spirito della città è più radicato. Per questo motivo ci concentriamo molto sull'impianto, sulla ritmica delle facciate, perché i nostri edifici non siano mimetici ma piuttosto vengano percepiti come parte del tessuto urbano. In questo senso uno dei complimenti più apprezzati è quando, nel caso ad esempio di via Varese 19, ci viene detto che l'edificio sembra essere sempre stato lì. Tutto ciò conferma la nostra idea che non esiste un passato perduto, ma un passato che rivive nel presente, contribuendo a costruirlo.

AM → In continuità, appunto.

Campus Toto, Chieti Scalo.

Campus Toto, Chieti Scalo.

AA → Certo, in continuità con il tessuto esistente, con i luoghi e la tradizione.
C'è una tradizione milanese la cui vera cifra è quella dei maestri che hanno operato negli anni della ricostruzione, in cui l'innovazione non passava per architetture eclatanti, quanto attraverso un uso contemporaneo delle forme, dei materiali, sempre giocato nel perimetro della sobrietà.
Noi operiamo però con una maggiore libertà espressiva. L'architettura del dopoguerra rispondeva al dettato moderno del "togliere" con il risultato di stilizzare le forme; oggi possiamo permetterci di immaginare e inserire elementi nuovi, di citare forme, sentendoci liberi di farlo in un repertorio più ampio.
Come si diceva, è necessario considerare le peculiarità di ogni area. In piazza Fontana, ad esempio, si partiva da un piano particolareggiato con vincoli molto definiti. La difficoltà dell'intervento, dunque, è stata quella di riuscire a interpretare e sviluppare un'idea progettuale tenendo conto di questi vincoli, per alcuni aspetti molto restrittivi, dettati da una griglia regolare. Per modificare questa rigidità abbiamo inserito nella griglia strutturale delle cornici in cotto mutuate dalle bifore del vicino palazzo arcivescovile. Un materiale antico in forme nuove, creando una partitura originale delle finestre e segnando l'ingresso all'edificio tramite una variazione materica usando il granito lombardo.

AM → La vostra architettura ha un'impronta innegabilmente razionalista, in cui si innestano però una serie di dettagli, come il trattamento dei materiali e le finiture, che vi mostrano svincolati dal tabù del decoro. Né si può definire la vostra architettura minimalista.

AA → Rifiutare le definizioni a priori è uno dei grandi insegnamenti che ci ha lasciato Aldo Rossi. Lui aveva sviluppato un proprio linguaggio, con cui è stato poi etichettato. Ma non si era fermato a quello, era andato ben oltre. Tanti suoi epigoni, da lui stesso chiamati "rifondazione rossiana", pensavano che fosse fermo a Modena, al Gallaratese, mentre lui continuava a sperimentare e a guardare al mondo. Quando fu incaricato di progettare il Museo di Maastricht, ad esempio, decise di rivisitare la cupola del Brunelleschi sul canale della città olandese come ideale elemento di unione tra culture diverse, inventando quasi oltre la logica rinascimentale.
Anche noi in questo senso non abbiamo preclusioni e ci piace rendere il racconto più complesso. A Chieti, ad esempio, abbiamo sviluppato un progetto che prevedeva l'impiego del mattone romano tramite la costruzione ad archi. L'edificio Müller-Martini di Zurigo è stato improntato invece ad una grande semplicità, accanto alla quale però c'è un rimando all'arco di Portaluppi o, comunque, ad un elemento classico verso il quale non abbiamo alcun disagio.
Si tratta insomma di capire che non ci sono delle esperienze precluse o da fare forzatamente. Questo è il nostro approccio e in questo troviamo una grande potenzialità ideativa.

AM → Tornando alla vostra formazione, quali sono stati i primi progetti su cui avete lavorato insieme a Aldo Rossi?

AA → Massimo è arrivato per primo nello Studio Rossi, nel 1982. Giovanni un anno dopo, poi a seguire sono arrivati Marco e Michele, a fine anni Ottanta.
Abbiamo lavorato assieme a lui fino al 1997 e, dopo la sua scomparsa, abbiamo proseguito l'attività per concludere i progetti in corso e contemporaneamente abbiamo aperto il nostro studio dando vita ai nostri progetti.

AM → Uno dei vostri tratti identitari è un metodo molto forte e molto chiaro, come elemento fondante, dall'ideazione fino alla realizzazione del progetto.

AA → È così. Pensiamo sia un grande limite il fatto di demandare ad altri l'aspetto costruttivo ed esecutivo del progetto. Ci siamo perciò imposti di svilupparli seguendone ogni fase nel dettaglio. Nella nostra esperienza, lavorare — anche in modo approfondito — ma sottovalutando la fase costruttiva può solo portare ad un esito mediocre in cui il progetto stesso rischia di non essere più riconoscibile.
Per noi è dunque prioritario seguire il completo processo progettuale e sviluppare in coerenza l'intera parte esecutiva controllandone la realizzazione.

AM → La fedeltà e la corrispondenza tra render e manufatto finito è abbastanza sorprendente e fa pensare a una lucidità progettuale, consapevole dei processi e delle dinamiche di cantiere.

Edificio Müller-Martini, Zurigo.
Il grande arco di ingresso.

Müller-Martini building, Zurich.
The large entrance archway.

AA → Cerchiamo di controllare il progetto in tutte le fasi, seguendo un processo fondamentale, quello di non partire dalla forma ma di arrivare alla forma. È una caratteristica imprescindibile che abbiamo maturato negli anni. Partiamo da un'idea, a cui le forme si adattano. Sin dalle prime fasi progettuali, con i primi schizzi o costruendo i render, verifichiamo il rapporto tra idea, funzione, materiale, forma; tutti aspetti che non sono autonomi e disgiunti l'uno dall'altro.

AM → In questa capacità di guardare al progetto con concretezza, di tenere conto del cantiere e della committenza, trovo un legame con tanta architettura milanese che ha restituito una qualità diffusa della città.

AA → Sì, noi abbiamo guardato molto ai maestri del Novecento milanese, grandi professionisti ed intellettuali capaci di muoversi in cantiere. Questa qualità professionale si è poi persa tra gli anni Settanta e Novanta. Oggi Milano la sta ritrovando.

AM → Trovo sia in atto anche un ripensamento degli standard dell'abitazione borghese milanese, tema su cui voi avete molto lavorato. Torniamo anche in questo caso ai decenni del Moderno, in cui si è ridefinito quel concetto di abitare. Oggi si sta sperimentando ancora in quest'ambito?

AA → Diciamo che si lavora ancora su quegli archetipi, adeguandoli a esigenze nuove e diverse. Alcune cose sono sempre le stesse e quando si affronta il tema della casa di un certo livello andiamo a rivedere i disegni di Gardella, di Magistretti o di Ponti. Il cambiamento più evidente rispetto al lavoro di questi architetti è che Milano è molto cresciuta, confrontandosi soprattutto a livello internazionale.
C'è stata un'evoluzione nella modalità di utilizzo degli spazi nelle nuove costruzioni. Si guardi ad esempio alle coperture. Nella nostra pratica ci sono tre grandi temi progettuali: il piano terra con gli spazi comuni, i piani residenziali e il lastrico solare — una copertura che è diventata una nuova tipologia. Che si tratti di una residenza o di un hotel con lo sky bar, questo ormai è diventato un elemento fondamentale dei nostri progetti.
Rispetto agli edifici del passato, poi, oggi abbiamo la complessità di tutta una serie di servizi ritenuti indispensabili che rende necessario individuare risposte funzionali ben distinte.

AM → C'è poi il tema del rapporto tra la facciata, con la sua ritmica, e la fruibilità degli interni. La concezione del rapporto interno/esterno, della fruizione del paesaggio urbano attraverso scorci ben concepiti. La relazione degli interni con la città per voi è importante.

In alto: Patio Villas, Canouan, Isole Grenadine. A destra: Porta Nuova Centro, Milano.

Top: Patio Villas, Canouan, Grenadine Islands. Right: Porta Nuova Centro, Milan.

AA → Ciò che si vede dall'interno di un edificio diventa elemento fondamentale dell'abitare. L'edificio non è solo visibile dall'esterno in quanto luogo pubblico, in quanto elemento di continuità del tessuto cittadino. Una casa è vissuta dall'interno, quindi sia gli aspetti tipologici sia le prospettive e il rapporto con l'esterno diventano importanti. Per quanto riguarda il nostro approccio progettuale, nel tempo abbiamo ricercato una coerenza sempre più stringente e di relazione tra esterno e interno. Allo stesso modo abbiamo approfondito il controllo e la caratterizzazione di tanti elementi, dall'ingresso dell'edificio — che nei palazzi milanesi del Novecento ha avuto grande importanza — al verde e allo spazio urbano, fino alle opere pubbliche che si possono realizzare con lo scomputo degli oneri primari e secondari, dando qualcosa alla città.

AM → Mi piacerebbe approfondire il tema del progetto del verde e quello delle opere accessorie. Il verde per voi è da sempre elemento integrante del progetto.

AA → Ovunque sia possibile diamo valore al sistema degli spazi verdi. Un verde inteso non come elemento decorativo ma come elemento costitutivo dell'architettura e del benessere degli spazi abitativi. Garibaldi 95, in questo senso, è un progetto emblematico che ha rigenerato un pezzo di città. Nell'ambito di questo intervento è stata ristrutturata, grazie agli oneri di urbanizzazione, la Casa degli Artisti ed è stato sviluppato il verde asservito ad uso pubblico. Anche in questo caso si torna al tema dell'importanza del committente e della sua visione. È il tipico esempio di un intervento privato che contribuisce a migliorare la città.
Se andiamo a vedere nei palazzi del primo Novecento, il verde è stato sempre un elemento fondamentale. Il Modernismo ha poi introdotto un'idea di pulizia che ha marginalizzato, se non totalmente escluso, questo aspetto.
Noi al contrario consideriamo gli edifici senza un rapporto complementare ed integrato con il verde come non finiti.

AM → Guardiamo anche ai progetti che riguardano la cerchia più esterna della città. In queste aree avete sperimentato delle forme di intervento molto diverse, con collaborazioni con altri professionisti. Sono esperienze che sicuramente hanno rappresentato un arricchimento e che pongono tematiche completamente diverse.

AA → Nel nostro lavoro spesso ci siamo confrontati con altri professionisti in Italia e all'estero per lo più in occasione di concorsi e queste collaborazioni sono state molto utili per confrontare metodi e idee diverse ma nel rispetto delle proprie identità. A Milano abbiamo ad esempio lavorato con Hans Kollhoff nel concorso per il Palazzo della Regione Lombardia e con Archea Associati per il concorso delle torri alberghiere alla nuova Fiera di Milano.

Tiscali Campus, Cagliari.

Tiscali Campus, Cagliari.

Recentemente con Stefano Boeri, per il progetto di Bosconavigli in San Cristoforo, il tema che abbiamo affrontato è stato quello della sostenibilità e del verde come parte integrante del progetto con la proposta di una nuova visione dell'abitare in una città che si rinnova.
Per quanto riguarda l'architettura del paesaggio c'è invece un rapporto cementato negli anni con Emanuele Bortolotti dello studio AG&P. Queste esperienze ci hanno anche confermato quanto sia importante vivere la città, cercare di percepire gli elementi fondamentali e soprattutto la sua vita.

AM → A proposito di metodo, per voi non esiste il concetto di "collettivo".

AA → Noi crediamo molto nell'individualità. I progetti di gruppo non esistono. Ognuno porta le sue idee più apprezzabili e sviluppa la sua parte al meglio. Pensiamo che da questo possano nascere dei progetti importanti ma se ci mettiamo tutti quanti intorno a un tavolo a pensare non si ottiene molto: l'architettura è soggettiva.
In studio non si parla mai di uno specifico progetto. Si parla di cinema, di arte, di libri e di automobili. Intanto nasce l'idea, perché ognuno sa in che direzione si sta andando e ognuno dà il suo apporto per quello che capisce e per quello che sa. Si tratta di tenere viva la capacità di immaginare un progetto nel futuro.

AM → Ancora a proposito di metodo, direi che il disegno abbia per voi una funzione ben precisa. Allo stesso tempo la fase di renderizzazione produce risultati sorprendentemente vicini al manufatto realizzato.

AA → Abbiamo la fortuna di esserci formati in un momento in cui ancora si utilizzava molto il disegno, il fatto quindi di "schizzare" una prima idea fa parte della nostra *forma mentis* e rappresenta una fase fondamentale per noi.
Il render iniziale è un elemento su cui si controlla ogni aspetto ed è anche un modo per fermare l'immagine e l'idea originaria, così da non perderla in fase di realizzazione, con tutte le variabili che sappiamo potrebbero intervenire.
Parallelamente alla fase di disegno, c'è lo sviluppo tridimensionale dell'idea, attraverso l'utilizzo di programmi che garantiscono un metodo di lavoro semplice e veloce, senza perdere la possibilità di controllare e modificare il progetto nelle differenti fasi. In tal modo verifichiamo ogni aspetto e ogni eventuale variante, così quando giungiamo alla fase finale dei render siamo in grado di essere molto precisi.

AM → Torniamo ai vostri riferimenti: vorrei ricostruire quali sono quelli a cui avete più guardato.

AA → Ognuno di noi ha i propri, come è giusto che sia. Giovanni [da Pozzo] è cresciuto a Milano, ha frequentato personaggi come Caccia Dominioni, Magistretti e Luca Meda, grandi architetti di mestiere, che si curavano dei dettagli. Magistretti per noi è un mentore, è uno dei pochi designer che è stato capace di fare delle belle architetture.
Massimo [Scheurer] è arrivato a Milano attraverso Venezia, dopo aver studiato in Svizzera. I maestri milanesi li ha visti e li vede ancora "dall'esterno", dopo trent'anni li considera ancora riferimenti da studiare e da andare a guardare. Nel percorso di studio si è appassionato al lavoro degli architetti tedeschi e austriaci ed è cresciuto in Ticino, con quella tendenza che negli anni Settanta vedeva in Le Corbusier il riferimento principale.
Anche Marco [Brandolisio] è milanese di adozione. Lo hanno sempre affascinato i maestri del Razionalismo milanese, soprattutto Lingeri, più di Terragni, proprio per la sua capacità di essere molto legato agli aspetti costruttivi, Ponti e Gardella per la loro visione dell'architettura a scala urbana.
Michele [Tadini] è nato in Svizzera da genitori milanesi. Una figura che ha influito molto su di lui è stata una zia architetto che gestiva l'ufficio dell'arredo urbano di Milano. Lei aveva lavorato con Gae Aulenti, Aldo Rossi, Mario Botta e Michele, che passava le vacanze in ufficio tecnico, al diciassettesimo piano della Torre Pirelli, e si è nutrito di quell'aria.

AM → Oggi si parla di Milano come città in crisi, a causa della pandemia. Pensate che sarà in grado di ritrovare la sua spinta? È vero che la città si è fermata ma abbiamo, ad esempio, le Olimpiadi alle porte. Quel momento in cui si è pensato a Milano, Parigi, Londra, Berlino come un sistema a sé stante di città-stato è veramente archiviato?

Villa a Cagliari, disegno di studio e immagini del costruito.

Villa in Cagliari, project design and finished construction.

AA →

Siamo convinti che Milano abbia ancora molto da dare. Ci saranno ovviamente dei cambiamenti, c'è ad esempio un ripensamento dell'abitare. In tal senso abbiamo anche elaborato un documento che analizza l'idea di abitare pre e post covid. Tanta gente che si è trovata chiusa in casa senza un terrazzo, senza uno spazio aperto, è oggi disposta ad andare via dal centro e dalle zone di pregio della città per trasferirsi in zone periferiche che offrono spazi più aperti. Da qui il rinnovato interesse per interventi di recupero anche di aree periferiche dismesse.
L'altro aspetto tipologico, che le esigenze igieniche imposte dalla pandemia mettono in evidenza, è la necessità di creare degli ambienti più duttili, un po' "a fisarmonica". Torna il progetto di Ponti in via Dezza, questa sua invenzione di casa con pareti mobili che si aprono e si chiudono, quasi da casa giapponese. È insomma diventato indispensabile poter creare degli spazi di intimità in casa per studiare e lavorare. C'è una riscoperta dello spazio individuale.
Ci sarà poi un ripensamento del terziario, le aziende si sono rese conto dei grandi costi rappresentati dagli uffici e che si può lavorare bene anche parzialmente in smart working. Molti interventi in città si stanno riconvertendo a residenziale e su questo tema arriveranno sempre più investitori, anche stranieri, perché Milano è percepita come una città che ha e può avere ancora un ampio margine di crescita. È una città sempre vitale, solo momentaneamente sopita, ma che oggi sta affrontando nuove sfide per diventare sempre più "smart", più sostenibile, più bella.
Bisogna tenere viva la capacità di pensare al futuro, di rigenerarsi e proporsi; con questo atteggiamento Milano ha sempre potuto competere con le grandi città europee.

**Starhotels Rosa Grand.
La scansione della facciata si inserisce all'interno delle preesistenze storiche di Milano.**

Starhotels Rosa Grand. The facade blends harmoniously with the existing historic buildings of Milan.

DESIGNING MILAN

ANNA MAINOLI IN CONVERSATION
WITH ARASSOCIATI

The decision to dedicate this monograph to Arassociati projects in Milan was based on two considerations: the first is that the firm has a Milanese DNA, with a definite aptitude for this type of project, as well as a vast physical and cultural knowledge of the city, which also played an important role in the training of the firm's partners themselves.
The second reason is that few architectural firms in recent decades have had as many opportunities to engage in the heart of the city, in locations with such great historical and architectural significance as Via Zecca Vecchia and Via Santa Marta, Santa Maria alla Porta, and Piazza Fontana, to name but a few.
I feel that this experience is unique; it has permitted the firm to analyse the city's transformations, both past and present, with great awareness, based on a reasoning that respects existing buildings without being confined, instead being able to create a dialogue with Milan and its history, perceived as living matter and part of the present. Therefore, Arassociati's work could be ascribed to an important Milanese tradition, that of professional expertise which, along with its extensive experience in Modernist architecture, remains an unequivocal reference point for the firm's partners, whose work is firmly attached to the principles of Rationalism. However, this has not prevented them from creating their own interpretations in the Aldo Rossi tradition, discarding many taboos, first and foremost, ornamentation.
Arassociati's interventions are always engaged in this balance, managing to integrate with the urban fabric in an entirely natural manner, as if their buildings had always been there, respecting alignments and eaves lines, retrieving traditional noble materials, and often discovering a wide margin of freedom for internal solutions and in contexts ignored by Modernist purists — such as landscaping — redefining modern living according to contemporary needs.
Work shared by a team of expert professionals with a strong common view, reinforced over time. For this reason, they have chosen to answer the questions in this interview as a team: Arassociati.

AM → I would like to begin with one of the main aspects that defines your team, your 'Milanese DNA', as distinct from your international experience which, if possible, strengthens it even more. It is worth explaining how your training enabled you to acquire this knowledge of the city and Milanese architectural culture.

AA → Our relationship with Milan is truly heartfelt. This refers to those of us who were born and grew up here, as well as those who arrived as students or after graduating. We had the opportunity to live here in the 1980s during the economic recovery and to be familiar with traditional Milanese upper-middle-class homes.
We have always been convinced that to understand the city, it is fundamental to be part of Milanese life, and to be truly familiar with its localities, its people and its lifestyle.
However, even though we are fortunate in having a relationship with the city based on a deeply rooted appreciation, we are well aware that architectural projects always depend strongly on the client. Often, it is meeting the right customers that creates good opportunities.
It is in this sense that we interpret certain fortunate encounters we had at the beginning of our career. In fact, we were lucky in meeting clients who were attentive, with a passion for architecture, interested in the "unresolved" areas in the city, especially those voids that had often remained destroyed since the war.
Following the first intervention of this kind in 7 Via Santa Maria alla Porta, we gained a reliable reputation and this led to collaboration contracts to work in the city centre.
Later, we acquired other clients with whom we established solid relationships, all based on a certain vision of the city, enthusiasm, and the desire to leave a mark.
These are characteristics that inspire deep feelings for architectural design and quality in everything we build.

AM → Naturally, with certain differences, this has allowed you to engage continuously in an important Milanese tradition linked with post-war reconstruction. Your projects often involve "stitching together" unresolved urban voids, based on your solid knowledge of the city and its architectural history.

AA → We are convinced that it is essential to apply different approaches when working in the city, modifying interventions according to existing surroundings and the nature of the locations. For example, at the moment, we are starting work on two buildings between Via Zecca Vecchia and Via Santa Marta, in the ancient heart of the city, in the midst of the "cinque vie". The project area is composed of ruins as a result of bombings in 1943, and is located near the project in 7 Via Santa Maria alla Porta. This represents an ideal continuation in resolving the problem of urban voids that have never been rebuilt.
This urban fabric "restitching" process is achieved through restoration work appropriate for the present time, while respecting the morphological aspect and materials of the context.
They are complex sites, with layers of history, and we must commend the clients for their courage in supporting us in these challenges, and their perseverance despite the sometimes very lengthy completion times.
We can confirm that there has been a renewal in the spirit of reconstruction today, when buildings with no particular merit can be demolished in order to build according to specific Milanese concepts, composed of quality architecture integrated within a well-consolidated context.
This process began in the 1990s, when we were able to see Milan modify its DNA and tackle the problem of areas in the city that had been forgotten. This was possible thanks to enlightened entrepreneurs and architects who took on projects that were unthinkable only a few years earlier.

AM → It seems that with a rational approach, you have maintained your continuity policy regarding the city and its history. You do not seek the iconic, but focus your attention on historical congruity and context, although without any camouflage effects.

AA → We strongly believe that it is essential to approach the project very carefully in certain environments. The idea of leaving

Habitaria, corso Garibaldi 95, Milano.

Habitaria, Corso Garibaldi 95, Milan.

an iconic mark does not make much sense; on the contrary, we have to be aware that we are working in very fragile urban fabrics with historic buildings of great importance, and where the spirit of the city is most deeply rooted. That is why we concentrate on the structure and the rhythm of the facades so that our buildings are not camouflaged but are perceived as an integral part of the urban fabric.
In this sense, one of the compliments we have most appreciated, was the project in 19 Via Varese when we were told that it seemed the building had always existed.
All this confirms our idea that a past is not lost, but reborn, helping to build the present.

AM → Of course — continuation.

AA → Exactly. It is in continuation with the existing fabric, specific places and tradition.
There is a Milanese tradition in which the true essence is sobriety; that of the master craftsmen who worked during the reconstruction, when innovation was not related to eye-catching architecture, but more through a contemporary use of form and materials, a ways applied within the boundaries of sobriety.
However, now we are able to work with greater freedom of expression. Post-war architecture obeyed the modern rules of "removal" with the result that forms were stylised. Today we are at liberty to imagine and incorporate new elements, make reference to different forms, feeling free to do so in a far wider repertoire.
As we mentioned, it is essential to consider the characteristics of every area. For example, in Piazza Fontana, we began a detailed plan with strongly defined restrictions. The difficulty lay in managing to interpret and develop a project taking into account all these limits, some of which were very restrictive, dictated by a regular grid arrangement. To modify this rigidity, we integrated terracotta frames into the structural grid, with a reference to the terracotta mullioned windows in the nearby archiepiscopal palace. An ancient material in a new form that created an original arrangement for the windows; we marked the entrance to the building with a variation in material using Lombardy granite.

AM → Your architecture is undeniably inspired by Rationalism, but with a range of newly-grafted materials, with certain treatments and finishes that demonstrate you are not limited by ornamental taboos. Your architectural style can hardly be defined as Minimalist.

AA → Rejecting definitions just for the sake of it is one of the great lessons taught by Aldo Rossi. He had developed his own language with which he was then labelled. But he did not stop there, he went well beyond that style. Many of his imitators, that he himself referred to as "Rossi Re-foundation", thought that he halted his style with his projects in Modena or Gallarate, while instead, he continued to experiment and look outwards to the world.
When he was commissioned to design the Maastricht Museum, he decided to reinterpret Brunelleschi's dome on the canal of a Dutch city, with an invention that was almost beyond the logics of the Renaissance.
In the same way, we have no preclusions and we enjoy making the process more complex. In Chieti, for example, we developed a project that employed Roman bricks for building the arches. On the other hand, the Müller-Martini building in Zurich was based on a very plain regular design, but incorporating a reference to Portaluppi's archway, or at least, to a classical element with which we were totally comfortable.
So, one simply needs to understand that there are no inhibitions or enforced approaches. This is our method and it provides us with great creative potential.

AM → If we could return to your training, what were the first projects you worked on with Aldo Rossi?

AA → Massimo was the first to work in Aldo Rossi's firm in 1982. Giovanni arrived the following year, then Marco and Michele, at the end of the 1980s.
We worked with him until 1997, and after his death, we continued together to complete the projects which were already underway. During this time we opened our own firm and began our own projects.

AM → One of your distinguishing features is a fundamental element: your very strong, very clear method, carried through to project completion.

AA → Yes, that's true. We feel that it is very limiting to ask others to deal with the constructive and executive aspect of a project. For this reason, we decided we would deal with every stage in every detail. We have discovered that focussing on the project, even in great detail, but underestimating the actual construction stage, leads to mediocre results, where the original project runs the risk of no longer being recognisable.
So, our priority is to follow the entire project process and to develop all the executive stages coherently, controlling the whole construction through to completion.

AM → The accuracy and conformity between the rendered image and the finished project is truly surprising. It indicates really clear thinking during the planning stage, with a great awareness of all the processes and dynamics that exist on the work site.

AA → We try to control every stage of the project according to a fundamental process: to never stray from the form, but to achieve the form. It is an essential aspect that we have consolidated over the years. We begin with an idea, and the form is adapted to that concept. Right from the initial design stages, with the first sketches or the creation of the renders, we control the relationships between idea, function, materials, and form, as they are all aspects that are not independent or disconnected from one another.

AM → In your capacity to look at each project in a practical, concrete manner, keeping in mind the work site and the client, I have noticed a connection with many examples of Milanese architecture that have restored a sense of quality to the city.

AA → Yes, we observed a large number of 20th-century Milanese Maestri, who were great professionals and intellectuals, able to operate on construction sites. This professional capacity was lost between the 1970s and 1990s, but today, Milan is rediscovering itself again.

AM → It seems there is also some rethinking concerning standards for middle class housing, a subject you have worked on a great deal. In this case we are also returning to the Modernist decades when the concept of Milanese middle-class homes was redefined. Is some form of experimentation underway for a new style of housing?

AA → Let's say that most work is still based on those archetypes, adapting them to new and different necessities. Certain aspects remain the same, and when you are considering a residence of a certain level, you will refer to designs by Gardella, Magistretti or Ponti. The biggest difference, compared to the work by these architects, is the fact that Milan has grown substantially and is now perceived as an international city.
There has been an evolution in the way space is used in new construction. In roofing for example. In our projects, there are three main sections: the ground floor with the communal spaces, the residential floors, and the flat roof. This type of roof has assumed a new role. Whether it is an apartment building or a hotel with a sky bar, it has now become a fundamental element in our projects.
Also, compared to buildings in the past, today we have the added complexity of a range of services that are considered essential, and that require quite specific functional solutions.

AM → Then there is the subject of the relationship between the facade, with its specific layout, and usability from inside. The concept of the internal/external connection, the benefits of urban landscape views through well-designed perspectives. This relationship between the interior and the city is an important aspect in your design.

AA → What you see from the interior of a building becomes one of the fundamental indoor living pleasures. Buildings are not visible from the exterior simply as a part of the public space, or as an element of continuity in the urban fabric. A home is lived in from the interior; therefore, the style and the views, plus the connection with the exterior are all important features.
As far as our approach is concerned, over time we have focussed on increased coherence and closer relationships between the interior and exterior.
In the same way, we have expanded the control and definition of many elements: building entrances, which were an important element in 20th-century apartment buildings, as well as landscaping and urban spaces. This also includes public works that can be built with a primary and secondary tax deduction, making a contribution to the city.

AM → I would like to hear more about the subject of green planting projects and additional elements. Landscaping has always been an integral aspect of your projects.

AA → We pay a lot of attention to green spaces wherever possible. The green planting is not considered as a decorative element but as an integral part of the architecture and sense of well-being in living spaces. In this sense, 95 Garibaldi is an emblematic project that helped regenerate a part of the city. In this intervention, the Casa degli Artisti was rebuilt thanks to urbanisation planning fees, and the surrounding site was landscaped for public use. In this case, once again the client and his vision played an important part. It is a typical example of a private intervention that can contribute towards improving public space in the city.
When we look at early 20th-century buildings, we can see that green planting was always a fundamental element. Then Modernism introduced an idea of clean lines that reduced, and often completely eliminated this aspect.
On the contrary, we feel that buildings seem incomplete without a complementary and integrated link with greenery.

AM → I would like to ask you about the more external outskirts of the city. In these areas you have experimented with a wide range of interventions in collaboration with other architects. These projects have no doubt provided new insight and involved completely different subject matter.

AA → Our work often involves cooperation with other professionals in Italy and abroad, mainly for competition contracts. This collaboration has been very useful for comparing different methods and ideas, while maintaining our own personal identities. For example, in Milan we worked with Hans Kollhoff in the competition for the Palazzo della Regione Lombardia and with Archea Associati in competing for the hotel tower project for the new Milan Trade Fair Centre.
Recently we worked with Stefano Boeri, for the San Cristoforo "Bosconavigli" project. The basic question we faced was sustainability and how to incorporate green spaces as an integral part of the project by proposing a new living concept in a city undergoing renewal.
As far as landscaping is concerned, for years, we have had an ongoing exchange with Emanuele Bortolotti at studio AG&P. These experiments have confirmed how important it is to live in contact with the city, trying to understand its fundamental elements and above all, its lifestyle.

AM → Speaking of methods, collective projects are not part of your approach.

AA → We strongly believe in individuality. We do not work on group projects. Each one brings his best idea to the table and develops that part to the best of his ability. We feel that this method generates the finest results, but if we all sit together around a table to create a project, it does not amount to much: architecture is subjective.
When we are in the office, we never talk about specific projects. We chat about films, art, books and cars. The idea evolves all the same because we all know in which direction we are are going, and each person contributes according to his field of expertise and experience. Basically, the aim is to stimulate our capacity to create future projects.

AM → Again, on the subject of your method, drawing seems to play a very specific role. At the same time, your rendering produces results that are surprisingly close to the completed project.

AA → We were lucky in that we trained at a time when drawing was still widely used, so "sketching" initial ideas is part of our *forma mentis*, and a fundamental stage in our process. The first rendering is an element used to control every aspect, and also a way to freeze the image and original idea, so it is not lost during the execution stages, with all the variations that may arise.
Alongside the drawing stage is the three-dimensional development of the idea using programs that guarantee a quick, simple method without losing the possibility of controlling and changing the project during the various stages.

This way, we can check every aspect and every possible variant, so that when we reach the render stage we are able to be very precise.

AM → If we could return to your inspiration; which architects are your main references?

AA → Each one of us has a favourite reference, and that is how it should be. Giovanni [da Pozzo] grew up in Milan, he was in contact with figures such as Caccia Dominioni, Magistretti and Luca Meca, great professional architects who were meticulous with detail. Magistretti was a mentor for us; he is one of the few designers able to create beautiful architecture. Massimo [Scheurer] came to Milan via Venice, after studying in Switzerland. He saw and still sees the Milanese Maestri "from outside", but after thirty years he still considers them as reference points to study and as inspiration. As a student he developed a passion for German and Austrian architecture; he grew up in the Swiss Ticino region, and in the 1970s the trend was mainly inspired by Le Corbusier.
Marco [Brandolisio] is also Milanese by adoption. He has always been drawn to the Maestri of Milanese Rationalism, especially Lingeri, more than Terragni, because of his capacity to remain closely attached to the constructive aspects. Others are Ponti and Gardella, because of their architectural vision on an urban scale.
Michele [Tadini] was born in Switzerland although his parents are Milanese. A person who had a strong influence was his aunt, an architect who was in charge of urban street furniture for Milan. She had worked with Gae Aulenti, Aldo Rossi, and Mario Botta; so Michele, who spent his vacations in the technical office on the 17th floor of the Pirelli Tower, absorbed that atmosphere.

AM → Today we talk about Milan as a city in crisis because of the pandemic. Do you think the city will be able to recover its vitality? It is true that the city has slowed down, but for example, the Olympics will soon be upon us. Has that period when Milan, Paris, London and Berlin were considered as independent city-states, truly been shelved?

AA → We are convinced that Milan still has a lot to offer. Naturally there will be changes, for example, architecture aimed at a new quality of life. We have drawn up a document analysing ideas on living before and after Covid. Many people found themselves shut indoors without a terrace or any outside space, and today they are willing to leave the city centre and privileged residential areas to transfer to the outskirts which offer more open space. This has led to renewed interest in rehabilitation projects, including those abandoned areas on the outskirts of the city.
The other aspect of the pandemic is the need for hygienic environments, and the need to create more flexible "Concertina-style" settings. A return to Ponti's project in Via Dezza, and his idea for a house with sliding walls that open and close, similar to Japanese houses. It has become essential to be able to create personal space at home to work and study. There has been a rediscovery of individual space.
There will also be a new reassessment among service industries; companies have calculated the huge cost of maintaining office space when staff can work from home even part-time. Many projects in the city involve office conversion to residential space, and that will lead to an increase in investors, even foreign clients, because Milan is considered a city that has and can still have a wide growth margin. It is a vibrant city, that was subject to a slow-down for a while, but today it is facing new challenges to become increasingly more "smart", more sustainable, more beautiful.
We need to maintain our capacity to look to the future, to regenerate and to make offers; it is with this attitude that Milan has always been able to compete with other large European cities.

Habitaria, corso Garibaldi 95, atrio di ingresso.

Habitaria, Corso Garibaldi 95, entrance foyer.

30.02
24.29

Piazza e teatro
Rho
12.2020

VIA NICCOLINI

p. 20
Compagnoni 12, Milano. Studio degli edifici interni sul giardino.
Compagnoni 12, Milan. Internal buildings overlooking the garden.

p. 21
Mangone 4, Milano. Studio dell'angolo su viale Papiniano con il grande atrio di ingresso.
Mangone 4, Milan. Corner project design on Viale Papiniano with large entrance lobby.

pp. 22-23
Adamello 10, Milano. Primo studio dell'inserimento della torre nel contesto.
Adamello 10, Milan. Initial tower design for inclusion in surrounding context.

p. 24
Garibaldi 123, Milano. Studio della facciata sul corso.
Garibaldi 123, Milan. Street facade project design.

p. 25
Azerbaijan Pavilion – Expo 2015, Milano. Studio del prospetto sul decumano.
Azerbaijan Pavilion – Expo 2015, Milan. Front view design facing the decumanus.

p. 26
Habitaria corso Garibaldi 95, Milano. Studio dell'edificio sul giardino interno.
Habitaria Corso Garibaldi 95, Milan. Building project for the internal garden.

p. 27
Varese 19, Milano. Studio della facciata principale.
Varese 19, Milan. Main facade design project.

p. 28
Ciardi 9, Milano. Studio degli elementi architettonici e della cromia degli edifici.
Ciardi 9, Milan. Architectural element design project and building colour palette.

p. 29
Teatro Civico di Rho Roberto de Silva. Studio delle sistemazioni esterne in rapporto alla sala teatrale.
Roberto de Silva civic theatre in Rho. External restoration project in relation to the theatre auditorium.

pp. 30-31
Hotel VIU Milan, Milano. Collage di studio del fronte prospiciente il giardino pubblico.
Hotel VIU Milan, Milan. Project collage of the facade overlooking the public park.

p. 32
Porta Nuova Centro, Milano. Studio dell'ingresso e del fronte su via Vespucci.
Porta Nuova Centro, Milan. Project design of entrance and facade on Via Vespucci.

PROGETTI
PROJECTS

INDICE DELLE OPERE
LIST OF WORKS

MAZZO
Rho
23
07
Rho Fieramilano
Pero
Molino Dorino
S. Leonardo
Bonola
GAREGNANO
Vighignolo
TRENNO
Uruguay
Figino
Lampugnano
LAMPUGNANO
QT8
BOSCO IN CITTÀ
PARCO DI TRENNO
Settimo Milanese
SAN SIRO
San Siro Stadio
San Siro Ippodromo
21
Segesta
QUARTO CAGNINO
Monzoro
VILLAGGIO CAVOUR
Gambara
BAGGIO
Bande Nere
Primaticcio
Inganni
LORENTEGGIO
QUARTIERE VALSESIA
Bisceglie
PRIMATICCIO
INGANNI
Cesano Boscone
Cascina Guascona

Comasina
Affori FN
Affori Centro
Dergano
Maciachini
Bignami
Ponale
Bicocca
Ca' Granda
Istria
Marche
Zara
Isola
Sondrio
Sesto Rondò
Sesto Marelli
Villa S. Giovanni
Precotto
Gorla
Turro
Rovereto
Pasteur
Udine
Cimiano
Crescenzago
Lambrate F.s.
Piola
Loreto
Caiazzo
Centrale F.s.
Gioia
Garibaldi F.s.
Monumentale
Cenisio
Gerusalemme
Domodossola
Tre Torri
Portello
Amendola Fiera
Buonarroti
Wagner
De Angeli
Pagano
Conciliazione
Cadorna F.n.
Cairoli
Cordusio
Duomo
Lanza
Moscova
Turati
Repubblica
Lima
P.ta Venezia
Palestro
Montenapoleone
San Babila
Missori
S. Ambrogio
S. Agostino
P.ta Genova F.s.
Romolo
Crocetta
P.ta Romana
Lodi T.i.b.b.
Brenta
BOVISASCA
AFFORI
NIGUARDA
BICOCCA
BOVISA
DERGANO
PRECOTTO
GORLA
TURRO
MAGGIOLINA
CIMIANO
GHISOLFA
ISOLA
LORETO
CASORETTO
CENTRALE
LAMBRATE
CHINATOWN
CITTÀ STUDI
SAN MARCO
BRERA
FIERA
PORTA VENEZIA
SAN BABILA
GUASTALLA
PORTA ROMANA
CALVAIRATE
TICINESE
TORTONA
NAVIGLI
BARONA
01
02
03
04
05
06
08
09
10
11
12
13
14
15
16
17
18
19
20
22

Rimasto a lungo spazio irrisolto di un luogo, quale piazza Fontana, fortemente legato alla storia e alle trasformazioni della città (e per questo motivo, nelle parole dei progettisti, portatore di una "milanesità emanata dal tessuto edilizio"), lo Starhotels Rosa Grand diviene nell'intervento di Arassociati un elemento di ricucitura e di rammendo urbano, grazie al quale lo spazio pubblico ritrova una propria continuità.
Al risultato unitario concorrono i semplici ma studiati elementi compositivi della facciata, sostanzialmente definita da esterno, serramenti in metallo bronzato, oltre al cotto che inquadra, a due a due, le aperture.
Altro elemento specifico della piazza è il porticato in granito, la cui presenza rappresenta un ulteriore elemento di continuità, estensione del percorso coperto degli edifici preesistenti.
Tra i progetti risalenti alla prima fase di attività di Arassociati, l'edificio riassume quegli aspetti di quiete, decoro e adeguatezza che per lo studio incarnano l'idea stessa di semplicità, in una linea rispettosa del repertorio lessicale proprio della tradizione moderna che sfugge alla logica della contrapposizione e della stilizzazione, optando per una continuità, di forme e materiali, con la memoria del luogo.
Anche negli interni, l'elemento centrale rappresentato dalla corte coperta si pone in un "rapporto positivo tra spazi pubblici e privati che recuperano la tradizione milanese, e più generalmente italiana, delle corti private aperte alla vita pubblica cittadina del Rinascimento".
Questo spazio, concepito come perno di un'attività sociale, culturale e congressuale aperta anche alla città, è visto come un prolungamento dello spazio pubblico, quasi un passaggio pedonale, volto a offrire e a pensare contenuti differenti rispetto alla caratterizzazione univocamente commerciale dell'area di corso Vittorio Emanuele.
A completamento dell'intervento si pone la recente realizzazione di piazzetta Pattari. Il progetto riqualifica un edificio razionalista mantenendone l'uniformità dei materiali e inserendo un nuovo e leggero volume al quinto piano — arretrato e realizzato con vetrate continue al fine di valorizzare le vedute sul Duomo — con un nuovo accesso al sesto piano, tramite una scala autonoma architettonicamente caratterizzata.

Piazza Fontana is strongly linked with the history of Milan and its various transformations over time; (for this reason, in the words of the architects, "the quintessential nature of Milan is represented by its architectural fabric"). The Starhotels Rosa Grand project by Arassociati has become an element of urban "mending and restitching" that has enabled Piazza Fontana to regain its intrinsic identity and continuity. This consistency was created through the façade's plain but elegant external elements; the bronze finished window frames are surrounded by terracotta facings that separate each pair of openings.
Another aspect, typical of the piazza, is the granite portico, consistent with the continuous covered colonnades of the adjacent buildings.
The hotel was one of the first projects executed by Arassociati, and the building summarises the calm dignified decorum that embodies the elegant simplicity coherent with the linguistic characteristics of the Modernist tradition. Avoiding the tenets of contrast and stylization, the architects prefer to adopt continuity in form and materials, coherent with the memory of place.
Similarly, in the interior, the central element composed of a roofed courtyard acts as "a welcoming connection between public and private spaces recalling the traditional Milanese, and more generally, Italian private courtyards that were accessible to the public during the Renaissance".
This space is designed as a hub for social, cultural, and congressional activities. It is open to the public and conceived as an extension of the urban space, almost like a pedestrian walkway, created to offer and envisage different options in contrast to the exclusively commercial nature of the retail area of Corso Vittorio Emanuele.
The hotel intervention was completed with the recent creation of Piazzetta Pattari. The project involved the redevelopment of a Rationalist building, maintaining the homogeneous style of its materials while adding a new light steel construction on the fifth floor. This recessed addition is composed of continuous glass walls to provide views of Milan Cathedral. It includes a new access to the sixth floor with an independent architecturally designed staircase.

Veduta dell'hotel inserito nel contesto di piazza Fontana.

View of hotel in Piazza Fontana.

STARHOTELS

Scorcio dei fronti su piazza Fontana e via Pattari.

Facades on Piazza Fontana and Via Pattari.

In alto: la copertura
della corte interna.
In basso: planimetria generale.

Top: Internal courtyard roofing.
Below: general layout.

Vedute dell'area bar al piano terra.

View of ground floor bar area.

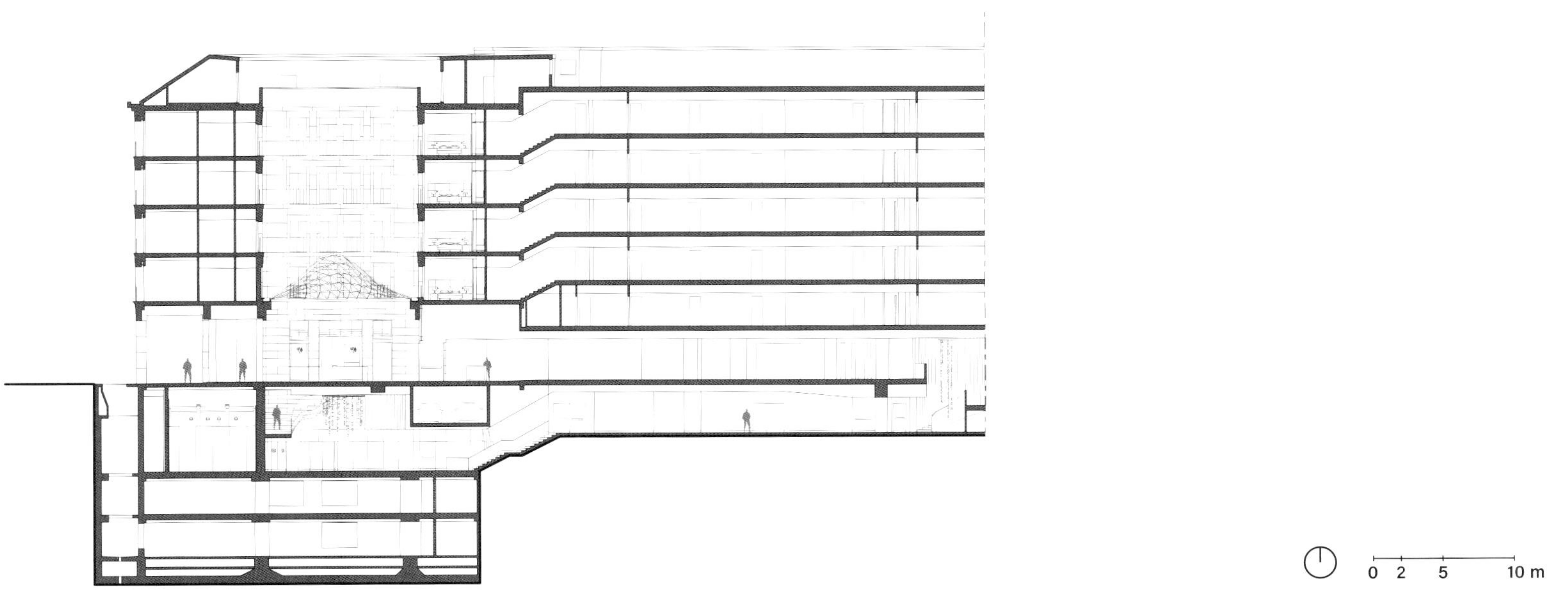

In alto: pianta del piano terra.
In basso: sezione longitudinale.

Top: ground floor plan.
Below: lengthwise cross section.

Veduta su piazza Fontana dalle finestre dell'hotel.

View of Piazza Fontana from hotel windows.

Il porticato sul fronte principale si pone in continuità con i preesistenti percorsi coperti della piazza.

The main facade portico continues in alignment with existing covered colonades in the piazza.

STARHOTELS

**Nella pagina a fianco: dettaglio delle aperture incorniciate dagli elementi in cotto.
In alto: la copertura vetrata della hall d'ingresso.**

Opposite page: detail of terracotta framed windows.
Top: glass roof over entrance foyer.

Tra i primi interventi di Arassociati nel cuore storico della città, l'abitazione di Santa Maria alla Porta 7, pur nelle dimensioni ridotte, risolve la complessità del luogo e dei rapporti storici con un progetto che calibra rispetto dell'identità del luogo e istanze di continuità attraverso un linguaggio proprio, che evita tuttavia qualsiasi soluzione di maniera personale.
L'area di intervento, rimasta vuota dopo i bombardamenti della Seconda Guerra Mondiale, è caratterizzata dalla morfologia obbligata del lotto, compreso tra due fabbricati, con un fronte su via Santa Maria alla Porta che si confronta direttamente con la chiesa — dai tratti pacatamente barocchi, di Francesco Maria Richini — mentre quello a sud ovest è caratterizzato da arretramenti e dalla presenza di ampi terrazzi prospettanti sulla zona archeologica di via Gorani e via Brisa.
La raffinata lettura del contesto porta a modulare diversamente il fronte su strada e quello sulla corte-passaggio. Il primo, che si adegua alle quote degli edifici contigui, si pone in continuità con il Modernismo milanese, di cui ripropone anche materiali e finiture.
Il fronte sul cortile-passaggio interno è invece caratterizzato da un linguaggio spiccatamente contemporaneo che contraddistingue anche gli spazi interni, a cominciare dalla hall di ingresso, costituita da un atrio circolare che ospita la scala, vero cuore distributivo dell'abitazione.
Tale fronte sul passaggio pedonale, che collega via Santa Maria alla Porta a via Gorani e via Brisa e ospita l'ingresso principale, è connotato dall'uso di materiali della tradizione trattati con tecnologie moderne, come i pannelli in corten, che si rifanno all'uso del ferro lavorato, qui interpretati attraverso motivi decorativi. Elemento, quello della decorazione, affrontato dallo studio in numerosi progetti, senza timori e diffusamente, in particolare nella progettazione di balaustre e pannelli schermanti. Il successivo intervento di Santa Maria alla Porta 9 rappresenta il completamento e la definitiva ricucitura, anche alla scala urbana, di un importante vuoto intorno all'area archeologica di via Brisa.
La finalità del progetto si focalizza sull'area più interna del lotto, sin qui percepita come retro dell'edificato, con il cortile di pertinenza e i fabbricati prospicienti l'area archeologica, per trasformarli, attraverso una riorganizzazione complessiva, in una quinta scenica per la nuova piazza Gorani e per la stessa area degli scavi di via Brisa. Un ruolo importante, anche in questo caso, è giocato dal progetto del verde, cui è affidata una vera funzione di ricucitura, quale parte integrante del progetto architettonico.

This project was among the first interventions carried out by Arassociati in the historical heart of the city. Although not particular large in size, this residential home at 7, Via Santa Maria alla Porta, epitomises the complexity of its location and its historical links. The difficulties were skilfully resolved by balancing the respect for identity of place and need for a sense of continuity, but able to achieve a project with its own distinctive style, while avoiding any type of solution involving too personal an approach.
The project site, which remained empty following bombing during World War 2, is limited by the rigid conformation of the plot flanked by two buildings, with one facade in Via Santa Maria alla Porta, directly opposite the graceful Baroque church designed by Richini. On the south-west side, recessed aspects and large terraced spaces overlook the archaeological area of Via Gorani and Via Brisa.
The refined approach to this context led to addressing the facade on the street in a different manner from that in the passage-courtyard. The first facade, which is on the same level as the adjacent buildings, echoes the style of Milanese Modernism, with the same materials and finishes.
However, the facade of the internal courtyard-passage features a distinctly contemporary style, also echoed in the interior, beginning with the entrance hall composed of a circular atrium with a staircase leading to the upper rooms of the residence.
The facade on the pedestrian passageway, connecting Via Santa Maria alla Porta with Via Gorani and Via Brisa, houses the main entrance. It is faced with traditional materials treated with modern technologies such as Corten panels that recall the use of wrought iron, in this case through their decorative pattern. These decorative elements have been widely and boldly used by the architects in a number of projects, especially balustrades and screening panels.
The following intervention at 9 Via Santa Maria alla Porta involves the completion and the final urban scale "binding together" of the large void surrounding the archaeological excavations in Via Brisa.
The purpose of the project was focussed on transforming the more internal area of the site, previously perceived as the rear of the building, with its own courtyard and stables that overlooked the archaeological site. This was achieved with a total reorganisation to create a new scenic backdrop for the current Piazza Gorani and the archaeological site in Via Brisa. Once again, green landscaping played an important amalgamating role as an integrated part of the architectural project.

Veduta dal sagrato della chiesa di Santa Maria alla Porta.

View from the parvis of the church of Santa Maria alla Porta.

Il fronte principale si inserisce nelle preesistenze.

The main facade harmonises with existing buildings.

In alto: la grande vetrata incornicia la chiesa e sottolinea il forte rapporto interno/esterno. In basso: prospetto su via Santa Maria alla Porta.

Top: the large glass wall frames the church, underlining the strong link between interior/exterior. Below: front elevation of the building in Via Santa Maria alla Porta.

I terrazzi verdi prospettanti sulla zona archeologica di via Gorani e via Brisa.

Planted terraces facing the archaeological digs in Via Gorani and Via Brisa.

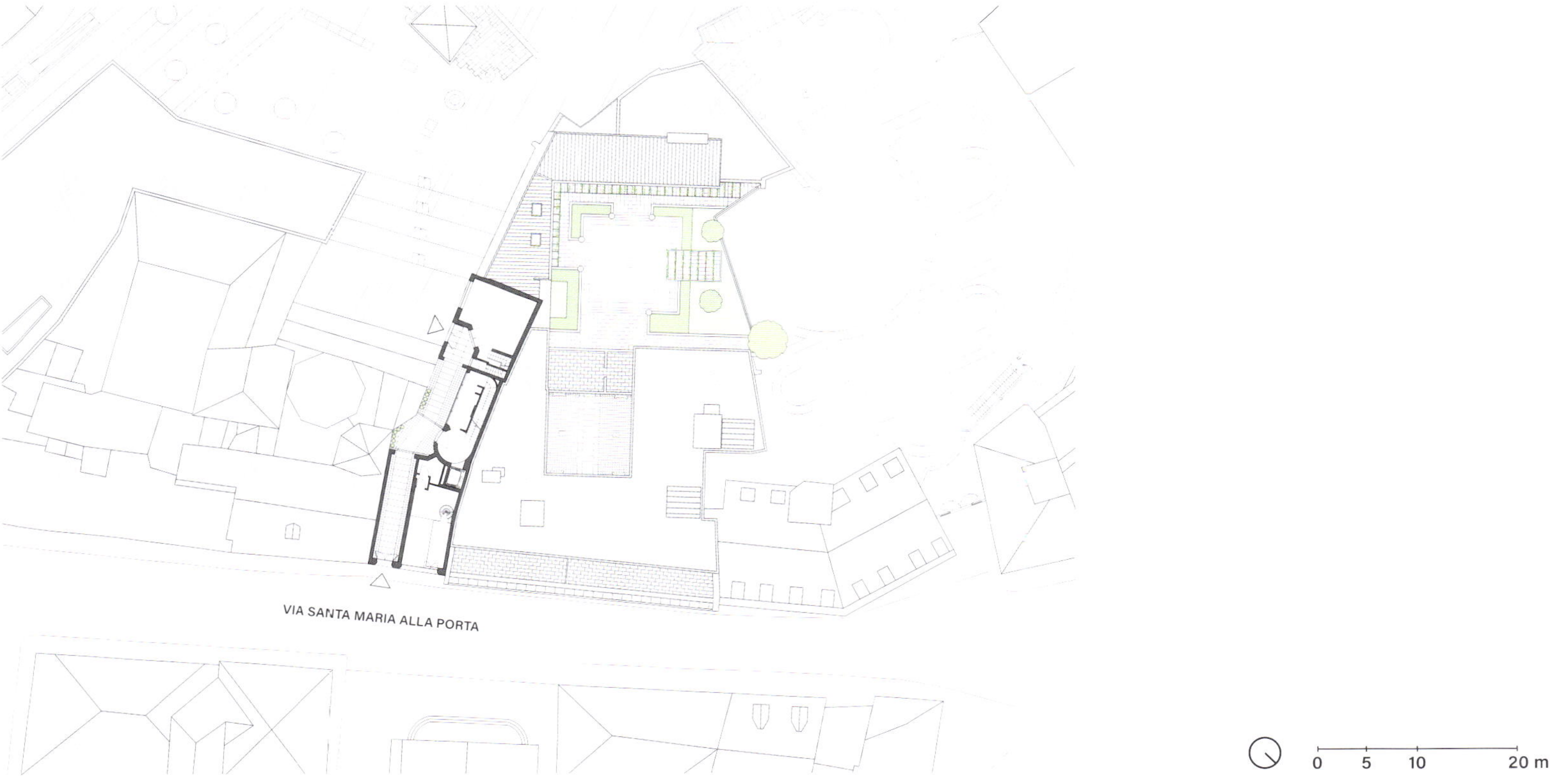

In alto: il disegno di un albero arricchisce lo sviluppo della corte interna.
In basso: l'edificio si innesta nel tessuto urbano, creando una ricucitura tra la chiesa e le aree archeologiche retrostanti.

Top: a tree design decorates the internal courtyard wall.
Below: the building is integrated into the urban fabric, blending harmoniously with the church and the archaeological areas behind it.

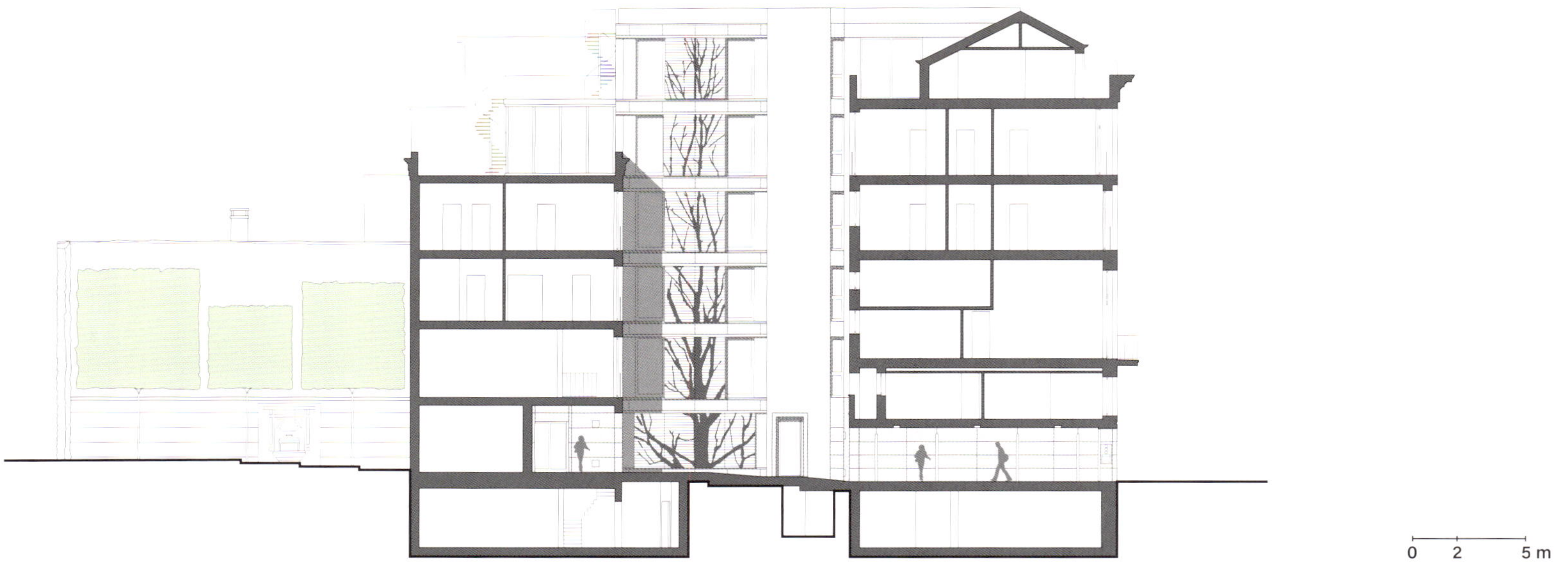

In alto: vista degli interni al piano terrazzo.
In basso: sezione longitudinale.

Top: view of interiors on terrace floor.
Below: lengthwise cross section.

Veduta dei fronti sulla corte interna.

Facade views in internal courtyard.

Il nuovo intervento abitativo di Corte Varese si inserisce in un'area tra le più vitali della città, interessata negli ultimi decenni da grandi trasformazioni, tra il nuovo distretto di Garibaldi-Porta Nuova e il quartiere di Brera.
Il progetto affronta con sensibilità il tema dell'intervento nel tessuto urbano storicamente stratificato, attingendo ai riferimenti cardine, culturali e di metodo, dello studio Arassociati.
I paradigmi razionali del Novecento milanese, l'utilizzo colto dei materiali della tradizione, reinterpretati secondo lavorazioni e disegno contemporanei, il rispetto dell'identità del contesto confluiscono nella classica modernità del fronte su strada, contraddistinto dal motivo decorativo dei parapetti e del bel portone a grata.
La stessa classicità che si ritrova nell'elegante atrio di ingresso in cui, come in altri realizzati dallo studio, uno spirito contemporaneo rende omaggio alle entrate dei palazzi borghesi di Milano, in linea di continuità con un gusto per materiali e finiture nobili.
Nelle aree interne e più private ricorrono alcuni elementi tipici del linguaggio dello studio, quali le logge e i giardini pensili, ottenuti adeguando i terrazzamenti alla morfologia del lotto.
I materiali della tradizione si ritrovano anche nella corte, dove tuttavia il progetto del verde emerge come tratto marcatamente contemporaneo. Qui il landscape design è concepito in totale integrazione con il progetto architettonico e contribuisce alla sensazione di un'oasi di lusso e quiete percepita passando dalla strada alla corte, secondo un'attitudine dell'architettura milanese che, anche negli esempi storici, si svela nella sua ricchezza nelle aree più introverse.
Nell'insieme il complesso rappresenta i nuovi standard di qualità abitativa, in termini di comfort, di scelte costruttive e di servizi offerti dagli spazi comuni, quali l'area fitness con palestra e piscina a uso esclusivo dei residenti.

The new Corte Varese complex is located in one of Milan's most vibrant areas which has undergone a vast transformation in recent decades; it lies between the new Garibaldi-Porta Nuova district and the Brera quarter.
The project shows Arassociati's sensitive approach to historical layers within the urban fabric, reflecting the cultural references and techniques frequently used by the architects. The rational paradigms of 20th-century architecture, skilful use of traditional materials, renewed using contemporary technology and design, plus respect for the surrounding context, all blend to create a modern classic facade with its decorative parapet design and elegant latticed entrance. The same classical style is found in the refined atrium. Like other Arassociati projects, the contemporary style pays homage to refined traditional Milanese apartment buildings, reflected in the fine quality materials and finishes.
Like many Arassociati projects, the classic style and coherence with the surrounding context contrasts with the more contemporary design of the private internal spaces. The architects often include loggias and greenery planters, creating terraced areas adapted to the shape of the site.
Traditional materials are repeated in the courtyard, but the garden design has a distinctly contemporary style. The landscaping is completely integrated with the architecture, giving the sense of a quiet luxurious oasis when passing from the street to the courtyard. Once again, this planting style echoes traditional, even historic, Milanese architecture, revealing lush gardens in hidden private courtyards.
As a whole, this complex represents new quality standards for residential buildings in terms of comfort, constructive choices, and communal services like the fitness area, gym and pool for the exclusive use of the residents.

Vista fronte su via Varese.

Facade view on Via Varese.

I terrazzi pensili e i bow-window interni alla corte.

Garden terraces and innner courtyard bow-windows.

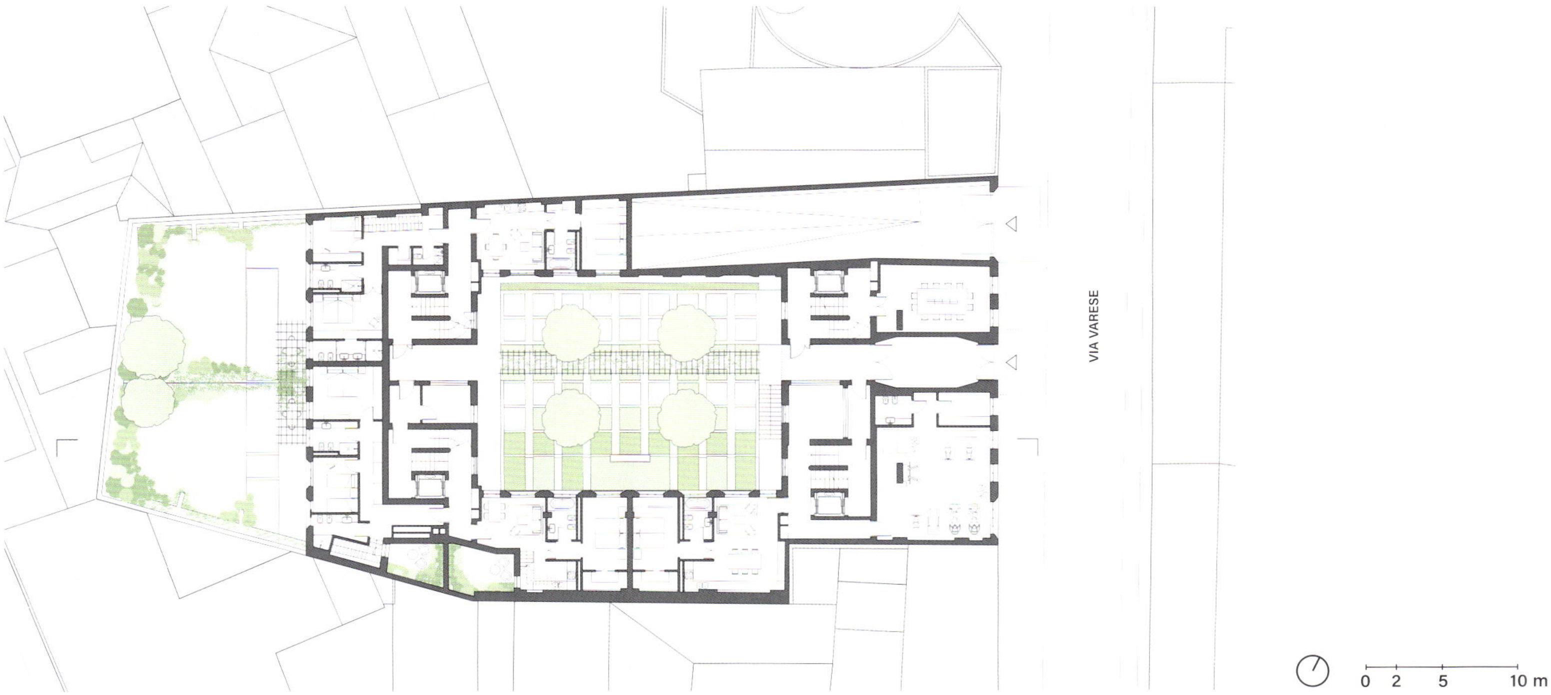

In alto: scorcio del terrazzo al piano attico.
In basso: pianta del piano terra.

Top: glimpse of attic floor terrace.
Below: ground floor plan.

In alto: atrio di ingresso.
Nella pagina a fianco: vista della corte interna e del suo percorso.

Top: entrance foyer.
Opposite page: view of inner courtyard and pathways.

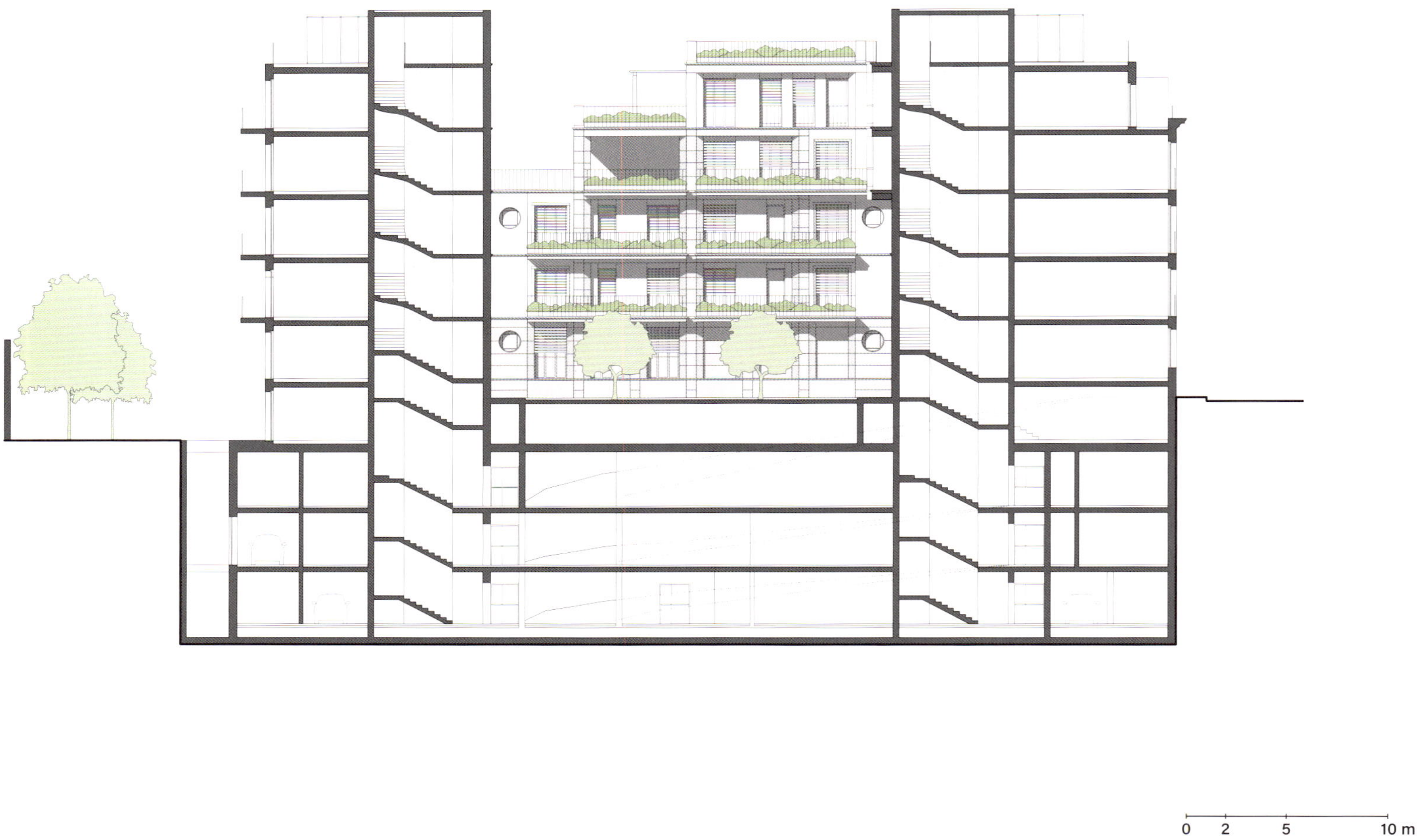

In alto: prospetto su via Varese.
In basso: sezione trasversale.

Top: facade in Via Varese.
Below: cross section.

In alto: i terrazzi e il verde al piano attico. Nelle pagine seguenti: le grandi vetrate illuminano la corte interna alla luce crepuscolare.

Top: terraces and garden on attic floor. Following pages: large windows light up the internal courtyard at dusk.

Nello storico quartiere Garibaldi, un intervento di ricucitura e valorizzazione di manufatti appartenenti a epoche diverse unisce un'operazione di restauro a nuovi elementi fortemente contemporanei, restituendo alla città un angolo di grande fascino. La frammentazione post-bellica dell'isolato viene così risolta attraverso un dialogo, tra preesistenze storiche e nuovo, teso a sottolineare i caratteri di continuità del luogo.
L'intervento interessa l'edificio ottocentesco, a pochi passi da largo La Foppa, e si sviluppa poi internamente in un terreno occupato a partire dal XVII secolo da edifici ecclesiastici, attraverso un sistema di corti che inglobano i resti del monastero di Sant'Anna ai Teatini. Un percorso, dunque, interno all'isolato che termina con un più alto edificio — nove piani poggianti su pilotis — di nuova costruzione, confinante con via di Porta Tenaglia.
La riqualificazione dell'edificio di corso Garibaldi conferma sostanzialmente i caratteri ottocenteschi del fronte su strada, intervenendo invece sul fronte d'angolo su largo La Foppa, rimasto cieco in seguito a un arretramento dell'edificio contiguo operato negli anni Sessanta. Si è dunque optato per nuove aperture, parzialmente celate da elementi lapidei verticali, che restituiscono massa alla facciata.
Uno degli elementi che contribuiscono all'unitarietà del progetto è la creazione al piano terra di un passaggio pedonale pubblico che pone in collegamento, attraverso le corti del complesso, il giardino di via Tommaso da Cazzaniga con corso Garibaldi e via di Porta Tenaglia. Tale spazio pubblico è poi ulteriormente ampliato dalla permeabilità dell'attacco a terra del nuovo edificio alto, in cui i pilotis consentono di ricavare una piazza coperta.
Il percorso attraverso le corti comunicanti, giungendo da corso Garibaldi, consente di leggere la storia del luogo, i cui frammenti convivono integrati nel progetto, dai resti del chiostro seicentesco alla tipica casa di ringhiera. In questo contesto la torre di nuova costruzione, completamente celata dalla strada, rappresenta un elemento di sorpresa, svelato attraverso i giardini con i quali si accorda per la presenza caratterizzante del verde. Questo nuovo edificio è definito da elementi marcatamente contemporanei e connotato da balconate continue e da fioriere lineari metalliche.
La contigua Casa degli Artisti, prospiciente la via Tommaso da Cazzaniga, è un'importante testimonianza del mecenatismo culturale attivo a Milano a cavallo tra Ottocento e Novecento. Realizzata intorno al 1910 e caduta in

In the historic Garibaldi quarter, Arassociati carried out an intervention to combine and rehabilitate several buildings from different periods creating a restoration project with strongly contemporary elements, and reinstating a charming area in this zone of Milan. The fragmented post-war urban block was rehabilitated by creating a dialogue between previous existing historic buildings and new structures, aimed at highlighting the sense of continuity in the space.
The project involved a 19th-century building with a street-front facade, close to Largo La Foppa. The internal part of the site was occupied by 17th-century ecclesiastical buildings, including a series of courtyards incorporating the remains of the monastery of Sant'Anna ai Teatini. The complex within the urban block terminated with a taller, newly constructed, 9 storey building on a pilotis structure. and adjacent to Via di Porta Tenaglia.
The restoration of the building in Corso Garibaldi mainly focussed on maintaining the 19th-century style of the facade, while work was carried out on the facade on the corner of Largo La Foppa, that had remained a blind wall following the recessing of the adjacent building in the 1960s. The project opted for new openings, partially screened by vertical stone elements that restore a solid effect to the facade.
One of the elements that makes a major contribution to the project's continuity is the creation of a public pedestrian walkway that leads through the various courtyards to connect the garden in Via Tommaso da Cazzaniga with Corso Garibaldi and Via di Porta Tenaglia. This public space is extended even further by the area beneath the new tall building, where the pilotis structure creates a covered piazza.
This route through the communicating courtyards from Corso Garibaldi, provides a historic reading of the area, as many remaining fragments have been incorporated into the project. These range from remains of the 16th-century cloister through to a traditional Milanese row house. In this context the newly built tower, completely hidden from the street, represents a surprising element, revealed through the gardens where the greenery creates a connecting effect. This new building has a distinctly contemporary aspect and features continuous balconies with linear metal planters.
The adjacent Casa degli Artisti, that overlooks Via Tommaso da Cazzaniga and bears witness to the important patronage of the arts that flourished in Milan between the 19th and 20th centuries. Built around 1910 and abandoned after having famously housed the Scapigliatura School and other avant-garde movements, its restoration within the wider project described above, represents an important restitution for

La nuova torre Habitaria inserita nel consolidato contesto del quartiere Brera-Garibaldi.

The new Habitaria tower integrated within the long-established Brera-Garibaldi quarter.

abbandono dopo aver gloriosamente ospitato la Scapigliatura e altre avanguardie, la sua riqualificazione, contestuale all'intervento sin qui descritto, ha rappresentato un'importante restituzione per il quartiere e per la città.
Il complesso si articola in un corpo principale su tre livelli, che sfrutta l'esposizione a nord per godere di un'illuminazione naturale diffusa, e in un più basso corpo pergolato su due livelli, in stretta relazione con il parco attiguo.
Il progetto di restauro ha previsto il recupero dei locali, destinando a laboratori quelli superiori e a spazi espositivi quelli inferiori.
La demolizione di superfetazioni, quali un muro di cinta su via Tommaso da Cazzaniga, ha permesso la realizzazione di un nuovo ingresso. Le parti nuove, relative alla distribuzione dei corpi scala e del ballatoio, sono identificate da un volume neutro in lamiera metallica traforata.
L'operazione di restauro nel suo complesso restituisce così dignità al manufatto, nel rispetto dei caratteri originari.

the quarter and for the city in general.
The complex is arranged in a main structure on three floors, taking advantage of the northern exposure for maximum diffusion of natural light. There is also a lower two storey pergola structure closely connected with the adjacent park.
The restoration project involved the restoration of a number of rooms; the upper floors are assigned as workshops, and the lower spaces reserved for exhibitions.
The demolition of all superfluous additions, like the enclosing wall along Via Tommaso da Cazzaniga, provided the possibility of a new entrance. The new structures containing the staircases and walkway, have been built in a neutral style using perforated metal sheeting.
The overall restoration intervention has enabled the complex to regain its former dignity while respecting its original character.

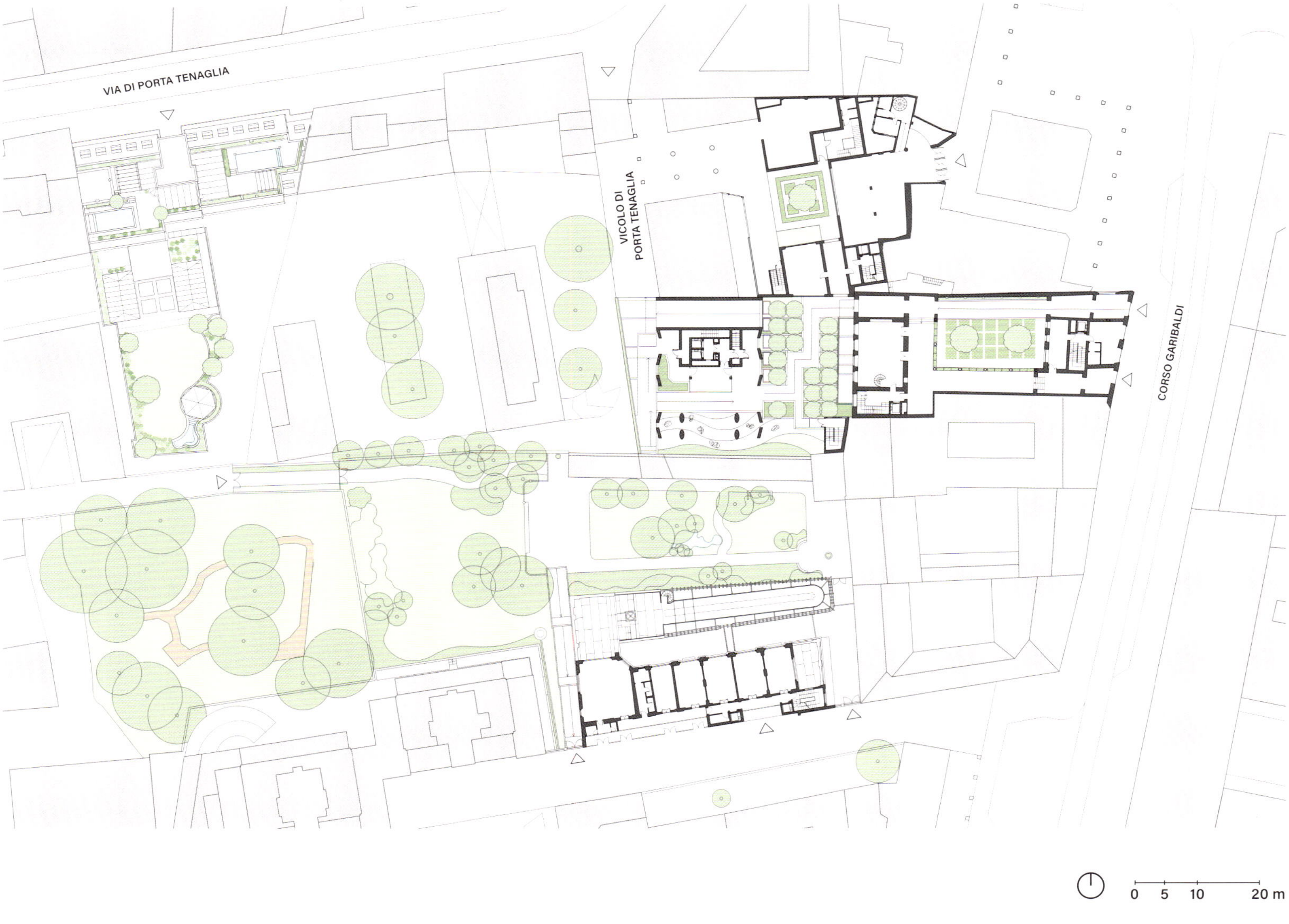

Planimetria generale.

General layout.

Vedute del percorso pubblico.

Views of public pathway.

Nella pagina a fianco: terrazze e aperture all'interno della corte. In alto: verde e sistemazioni delle aree esterne.

Opposite page: terraces and windows in the internal courtyard. Top: external green landscaping.

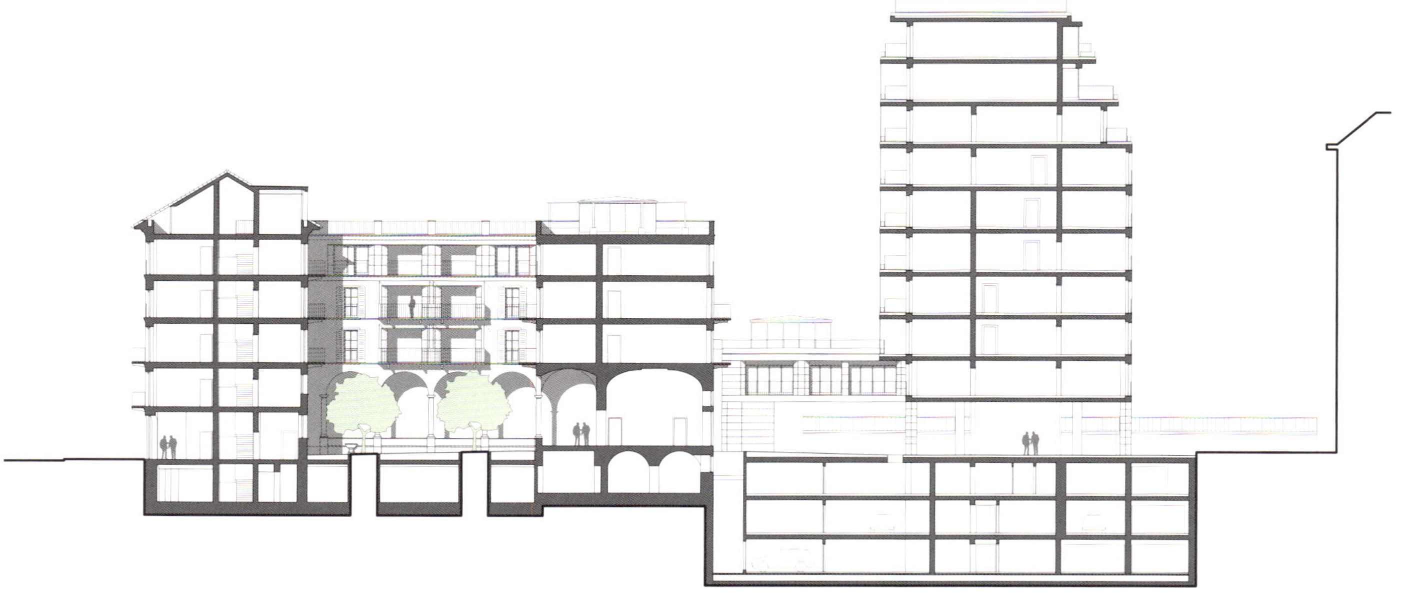

In alto: recupero del chiostro esistente. In basso: sezione trasversale.

Top: restoration of the existing cloister. Below: cross section.

**In alto: vista dell'atrio di ingresso.
In basso: prospetto interno della torre.**

Top: view of the entrance foyer.
Below: rear elevation of the tower.

Nelle pagine precedenti: vista dei terrazzi continui. In alto: il fronte dell'edificio storico si rapporta con la vista principale sul corso.

Previous pages: view of continuous terraces. Top: the facade of the historical building in relation to the main street view.

ANIMA

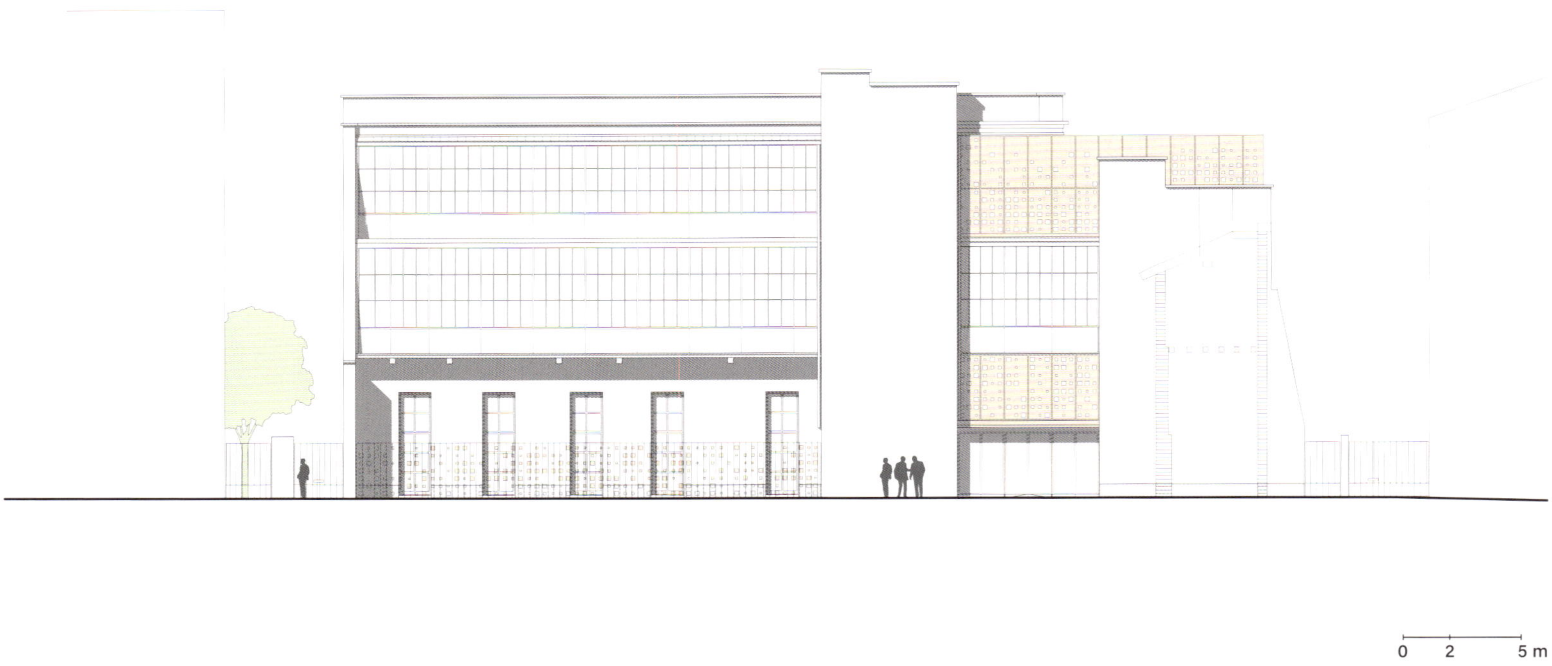

In alto: recupero della Casa degli Artisti. In basso: prospetto su via Tommaso da Cazzaniga.

Top: restoration of the Casa degli Artisti. Below: front elevation of the building in Via Tommaso da Cazzaniga.

In alto: dettaglio di facciata. Nelle pagine seguenti: Casa degli Artisti, fronte sul giardino interno.

Top: facade detail. Following pages: Casa degli Artisti, facade overlooking the internal garden.

Il nuovo edificio residenziale, realizzato a seguito della demolizione di un preesistente manufatto di inizio Novecento, si articola in due corpi distinti, il primo e principale con affaccio su strada, mentre il secondo, su due piani, si sviluppa in lunghezza nella corte interna.
L'intervento è affrontato secondo schemi compositivi ricorrenti dello studio, rintracciabili in particolare nella diversa articolazione del fronte su strada e di quello interno del corpo principale, oltre che nel significativo utilizzo del verde.
Il fronte su via Raffaello Sanzio, seguendo i valori di rispetto del contesto che guidano gli interventi di Arassociati, si pone in continuità con l'edificio adiacente, di cui rispetta in altezza il filo di gronda. La continuità con l'isolato è poi ulteriormente sottolineata dal basamento in pietra naturale che caratterizza l'attacco a terra.
In facciata, alla partitura regolare dei balconi fanno da contrappunto gli elementi in ferro posti in corrispondenza del vano scale — e ritrovabili nel cancello di ingresso, così come nella facciata cieca confinante con la scuola di via Sanzio — decorati con motivi vegetali che riprendono le sagome di alberi.
L'utilizzo decorativo del ferro è ripreso coerentemente nella corte interna con il motivo a onde della cancellata che delimita i giardini privati del corpo più basso e longitudinale, che ospita tre unità indipendenti.
Il lungo cortile, su cui affaccia con gli ampi terrazzi il fronte interno del corpo principale è uno spazio di quiete e riservatezza caratterizzato dall'impiego di materiali della tradizione, in cui il progetto del verde svolge un ruolo unificante e di forte caratterizzazione.

This new apartment building was constructed following the demolition of a former early 20th-century building. It is composed of two distinct structures; the main building facade is on the street-front, while the second two storey building is built lengthwise within the internal courtyard.
The intervention is based on a system often adopted by the architects, recognisable from the detailing on the street-front facade in contrast with the main building's courtyard facade, as well as the incorporation of large areas of green planting.
To respect the surrounding context which is always an important aspect of Arassociati's interventions, the facade along Via Raffaello Sanzio follows the same lines as the adjacent building, respecting the same eaves height.
Continuity with neighbouring buildings is underlined by the natural stone base at ground level.
On the facade, the regular alignment of the balconies acts as a counterpoint to the decorative steel elements silhouetted up the entire height of the staircase and repeated on the entrance gate and the blind facade adjacent to the school in Via Sanzio. These elements represent organic tree silhouettes.
The use of decorative steel is repeated in the internal courtyard, where it forms a wave pattern in the fencing that encloses the private gardens of the low building that contains three separate residences.
The long internal courtyard is overlooked by the large terraces on the internal facade of the main building; it is a calm tranquil space characterised by the choice of traditional materials and where landscaping plays an important and harmonious role with strong impact.

Dettaglio della facciata principale su via Sanzio.

Detail of main facade on Via Sanzio.

Le terrazze verdi si affacciano sul giardino interno.

Green terraces overlooking internal gardens.

In alto: il fronte su strada si rapporta con gli elementi naturali circostanti.
In basso: planimetria.

Top: the street facade harmonises with the natural surroundings.
Below: layout plan.

Terrazza verde prospiciente la corte interna.

The green terrace overlooking the internal courtyard.

In alto: le townhouse si innestano nel giardino interno. In basso: prospetto su via Sanzio.

Top: the townhouses are integrated in the inner garden. Below: front elevation of the building in Via Sanzio.

La facciata laterale arricchita dal disegno di elementi naturali.

The side facade is decorated with a natural organic design.

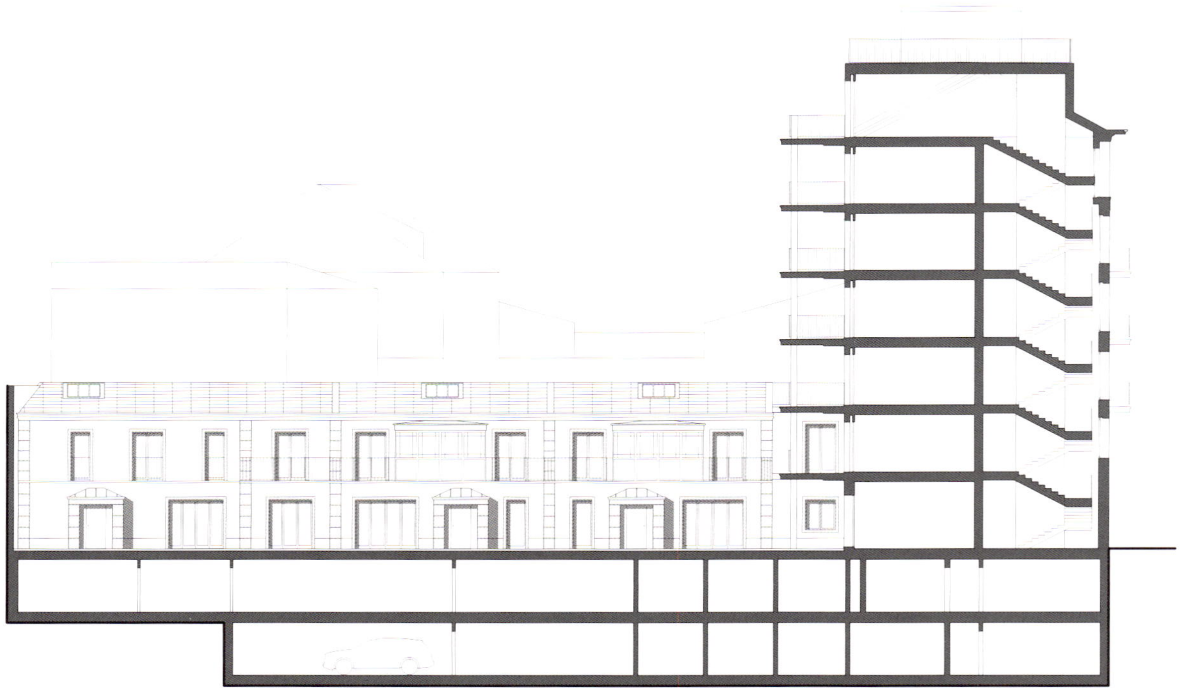

0 2 5 10 m

In alto: sezione trasversale.
In basso: pianta del piano terra.

Top: cross section.
Below: ground floor layout.

Dettaglio del fronte su strada con il grande albero illuminato.

Detail of the street facade with the large illuminated tree.

L’intervento di via Raffaello Sanzio 39 è l’esito di una prassi ben consolidata dallo studio, capace di esprimere con continuità un professionismo colto e un costante livello qualitativo in termini progettuali. L’edificio si inserisce in un’area residenziale di pregio, quella appunto di via Sanzio, sviluppatasi a inizio Novecento, e si integra in cortina con gli edifici contigui attraverso la ristrutturazione di un basso immobile preesistente, cui si aggiungono in sopraelevazione quattro nuovi piani.
Il lessico dei prospetti è quello proprio dello studio, maturato attraverso tanti interventi nel tessuto della città, in cui si attesta una pratica professionale consolidata, a proprio agio nel dialogo con il contesto e nella conseguente calibratura di materiali e di schemi compositivi.
Qui i fronti sono caratterizzati da una composta classicità, leggibile nella regolare partitura verticale, in cui le differenti funzioni si evidenziano con chiarezza: un basamento a uso commerciale connotato da ampie vetrate e da schermature lamellari in metallo; intonaco, vetrate a tutta altezza e balconi regolari che evidenziano i piani di nuova realizzazione; un coronamento arretrato e alleggerito da un loggiato.
Entrambi i fronti, su strada e interno, sono connotati da una sostanziale uniformità di materiali, in particolare nella facciata principale, in cui intonaco e pietra chiara, vetro e serramenti bruniti concorrono a un omogeneo tono su tono.
Come in altri progetti, l’impiego del verde ha qui un valore architettonico. Ciò è particolarmente evidente nel sistema di logge nel fronte principale, in cui la continuità della facciata stessa è ottenuta grazie a una vera e propria quinta verde.

The intervention at 39 Via Raffaello Sanzio follows a well consolidated practice that Arassociati has applied for many years, demonstrating their expert capacity for designing prestigious projects of a superior level.
This project is located in an elegant residential area, in Via Sanzio, built in the early 20th century; the apartment building is integrated in a continuous line with the adjacent buildings through the reconstruction of a low existing edifice, which was heightened with the addition of four new floors.
The style of the facade is typical of the system frequently adopted by Arassociati in numerous projects throughout the city, demonstrating their professional expertise in creating projects perfectly integrated within their context thanks to carefully selected materials and skilful layouts.
In this project, the facades are classic in style in a regular vertical arrangement that clearly indicates the various functions of the building. The ground floor is composed of retail stores with large glass windows and slatted metal screening; a plaster finish, full height windows, and regular balconies identify the new additional floors; the recessed top floor is lightened with a pergola type loggia.
On the street and internal sides, both facades feature homogeneous materials, although the main facade is more uniform, where light coloured stone and plaster finish, burnished window frames and glass create a tone on tone effect.
As with their other projects, the use of green planting assumes an architectural role. This is especially apparent in the loggia balconies on the main facade where the adjacent planters filled with greenery create continuous lines across the facade.

Dettaglio della facciata principale.

Detail of the main facade.

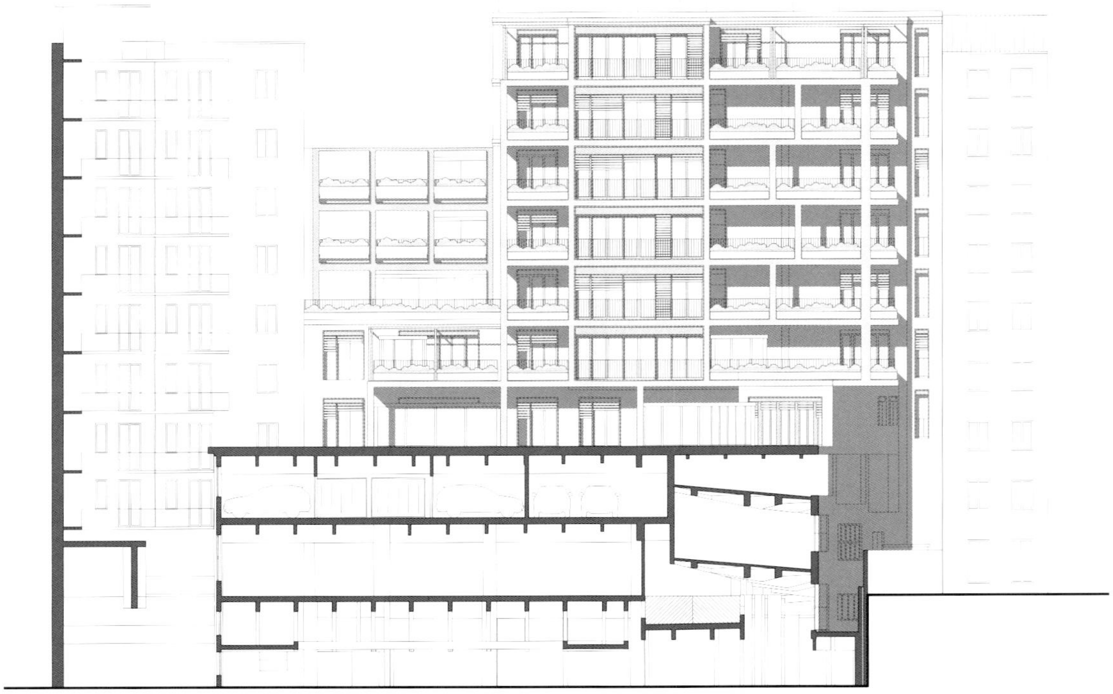

0 2 5 m

In alto: prospetto interno.
In basso: prospetto su via Sanzio.

Top: internal elevation.
Below: front elevation of the building in Via Sanzio.

In alto: vista del prospetto interno. Nelle pagine seguenti: inserimento del fronte principale su via Sanzio.

Top: view of internal facade. Following pages: integration of the main facade in Via Sanzio.

In alto e nella pagina a fianco: vedute dell'atrio d'ingresso e della scala principale.

Top and opposite page: view of the entrance foyer and the main staircase.

La realizzazione del padiglione per l'Expo milanese del 2015 ha costituito un significativo momento di riflessione sui temi della sostenibilità e del riutilizzo delle strutture temporanee.
Pensato come smontabile in ogni sua parte, grazie a tecniche di assemblaggio quasi totalmente a secco, questa costruzione fa infatti della flessibilità il centro stesso del progetto, sia sotto l'aspetto formale, sia per la distribuzione spaziale che consente, una volta ricollocata la struttura portante, un adeguamento funzionale.
Il progetto si sviluppa su tre livelli, i primi due dedicati all'esposizione dei temi cardine inerenti alla cultura e all'ambiente dell'Azerbaigian, il terzo destinato a ospitare un ristorante.
Il concetto di flessibilità si coniuga con la varietà formale del progetto, che ha ispirato innanzitutto le tre grandi biosfere in vetro incastonate nei tre livelli dell'edificio, a simboleggiare la grande ricchezza dell'Azerbaigian in termini culturali e di biodiversità.
La prima biosfera è infatti dedicata alla varietà paesaggistica del paese, la seconda a quella vegetale e animale e la terza al suo patrimonio culturale e all'innovazione promossa a favore delle nuove generazioni.
Il padiglione è realizzato con materiali appartenenti alla tradizione azera, come il legno e il vetro, lavorati con tecniche innovative e abbinati a vetro e metallo.
Tutto il progetto è improntato a concetti di ecosostenibilità, impiegando tecnologie costruttive e materiali a basso consumo energetico e completamente riciclabili.
Altro elemento caratterizzante il progetto è la pelle, costituita dalle pareti ondulate in lamelle di legno, che avvolge tutti i lati ad eccezione del fronte nord. Oltre a rappresentare metaforicamente il vento che caratterizza il paese — così come le culture che hanno da sempre attraversato questa terra, vero e proprio crocevia di popoli —, l'involucro, disposto con schemi differenti per ogni facciata, contribuisce agli scambi energetici tra interno ed esterno, garantendo così un controllo passivo del microclima e concorrendo all'effetto di trasparenza e luminosità che permea l'intero edificio.

The construction of the pavilion was the result of careful reflection on the themes of sustainability and the re-use of temporary structures.
The pavilion was designed to be dismantled; thanks to its mortarless, almost totally dry assembly, the 2015 Milan Expo Pavilion focussed on flexibility as the main core of the project, in both its formal aspect as well as the spatial distribution that provides for different functional layouts after its relocation to another site.
The structure is arranged on three levels, the first two being dedicated to the exhibition's main themes relating to Azerbaijan's culture and bio-climates. The third floor contains a terrace restaurant.
The concept of flexibility is linked with the variety in the project design that inspired the three large glass biospheres encased in the different levels, symbolizing the extremely rich culture and biodiversity of the country.
The first biosphere features the variety in the landscape, the second the country's biodiversity, and the third, the cultural heritage and innovation being promoted to benefit new generations.
The pavilion is built with traditional Azerbaijan materials, like wood and glass, created with innovative techniques and combined with glass and metal. The entire project is based on eco-sustainable concepts, using construction technology and low energy consumption materials, all able to be recycled.
Another aspect with great impact is the outer shell composed of curved wooden slats in an undulating pattern surrounding three sides of the structure, leaving the north side open. As well as an allusion to the wind that is a strong element in Azerbaijan, the movement also refers to the cultures of the many peoples who have always crossed this land, a crossroad in the region. The shell's wooden slats are applied in different patterns on each facade, providing energy exchange between the exterior and interior for passive microclimatic control, and creating an effect of transparency and light that penetrates the whole pavilion.

Gli elementi principali del padiglione che richiamano i concetti di sostenibilità e riutilizzo.

Main elements of the pavilion reflecting the concepts of sustainability and recycling.

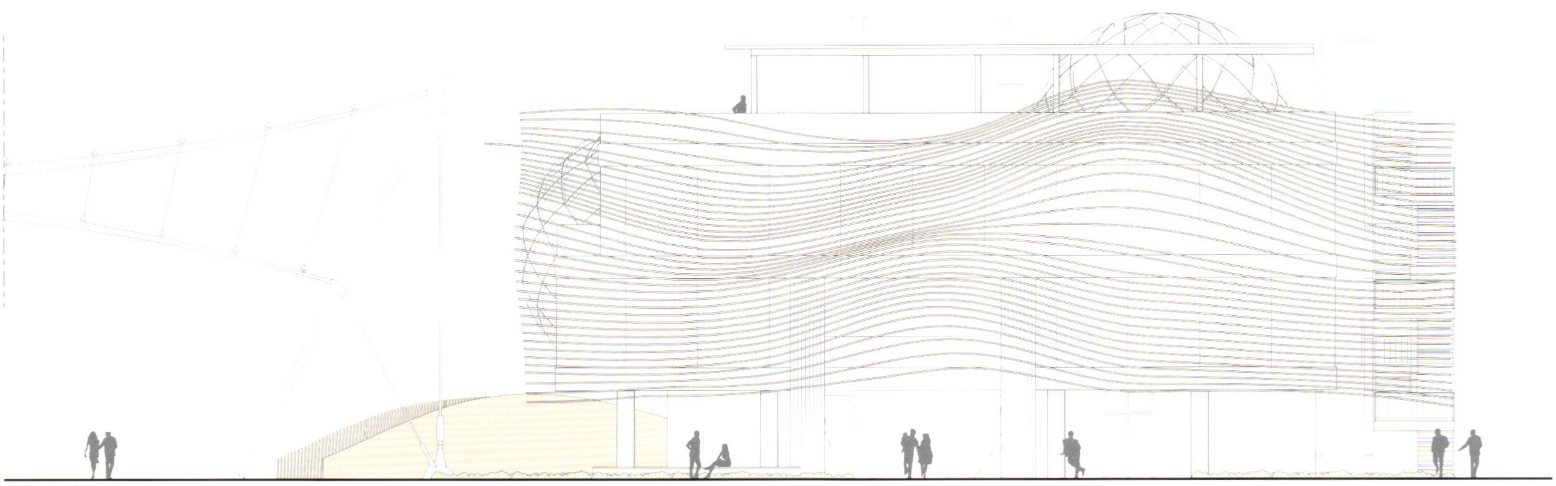

In alto: vista della facciata laterale con gli elementi lignei ondulati.
In basso: prospetto laterale.

Top: view of the side facade with undulating wooden slatting.
Below: side elevation.

In alto: il tetto verde che caratterizza l'intera copertura del padiglione. In basso: prospetto principale sul viale di camminamento di Expo.

Top: the green roof that is a major feature of the whole pavilion roofing. Below: front elevation of the pavilion in the central Expo avenue.

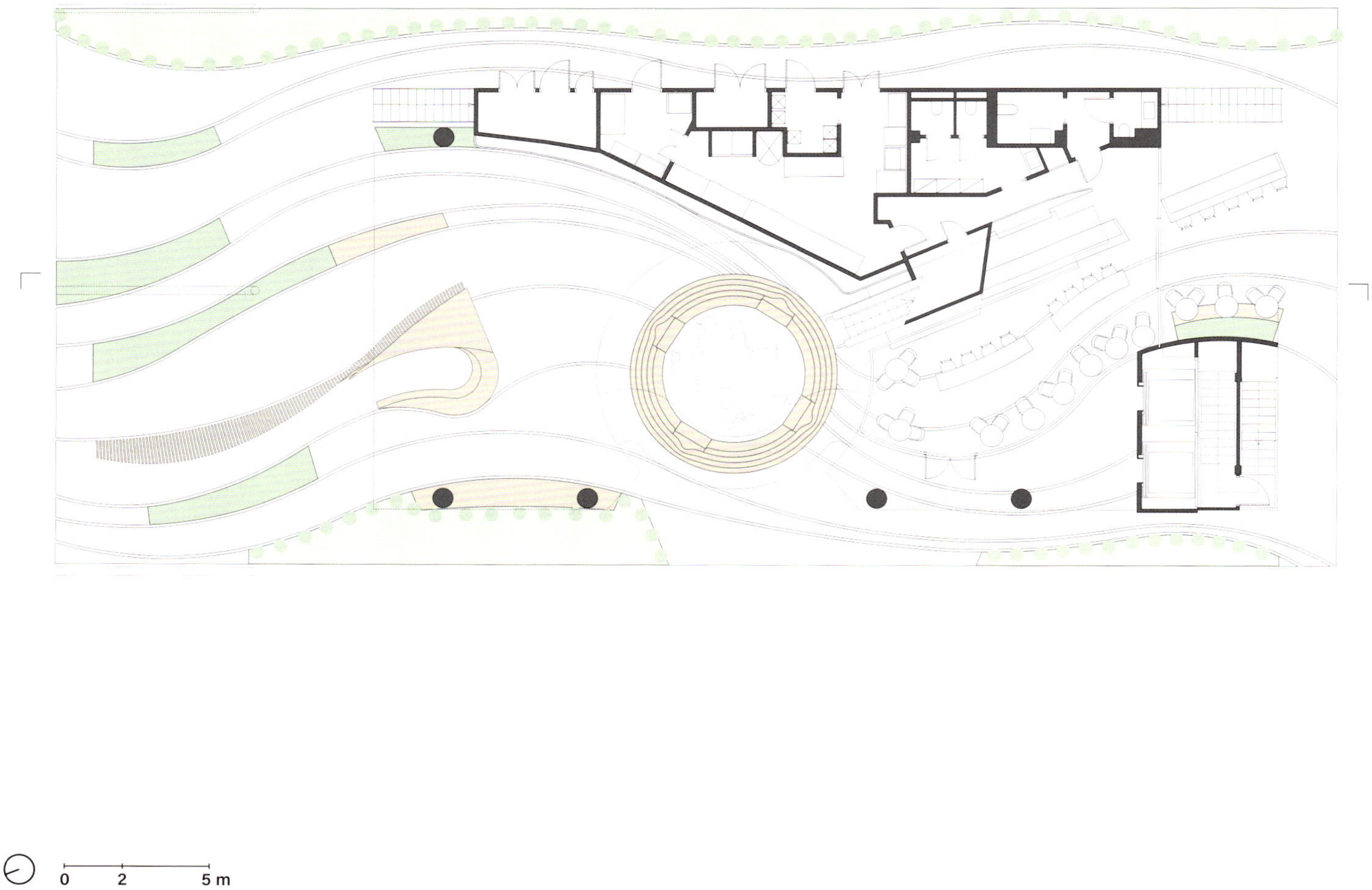

In alto: sezione longitudinale con le sfere dedicate al paesaggio e alla cultura. In basso: pianta del piano terra.

Top: lengthwise cross section with spheres featuring the culture and landscape. Below: ground floor plan.

In alto: dettaglio delle sfere.
Nelle pagine seguenti:
vista dell'ingresso principale
al padiglione.

Top: sphere details.
Following pages: view of the
main entrance of the pavilion.

Un importante confronto con il tema del disegno di interni è rappresentato dall'intervento sull'hotel rossiano in piazza Duca d'Aosta, alla cui iniziale progettazione, nel corso degli anni Ottanta, i partner dello studio avevano lavorato insieme a Rossi stesso.
Un progetto, dunque, a diretto confronto con l'opera del Maestro, nel quale l'autonomia progettuale dello studio emerge evidente e il cui esito è un saggio di raffinata milanesità.
L'hotel, dopo la costruzione, era rimasto in un certo senso incompiuto, essendo dotato di interni "in stile", in evidente contrasto con il progetto dell'edificio.
L'intervento di Arassociati ha dato infine un'identità, indipendente ma coerente con il progetto di Rossi, all'insieme, focalizzandosi sulla ridefinizione spaziale degli interni e del rooftop, in cui ha preso posto un nuovo sky garden.
Nella riprogettazione degli spazi interni si inseriscono alcuni elementi iconici, quali la scala ellittica che collega la lobby ai piani superiori e i grandi elementi lignei a lamelle che, con l'eleganza di un ordine classico, accompagnano il percorso dall'ingresso alla reception.
Il radicale ripensamento dell'hotel è stato operato attingendo ampiamente ad arredi su disegno, cui sono stati affiancati pezzi della storia del design italiano, messi in risalto dalla scelta di dedicare ciascun piano a un maestro del design.
Il progetto è stato perciò un'occasione per Arassociati di misurarsi con il design, sulla cui storia l'hotel sembra suggerire, come in una calibrata galleria, una riflessione. Ogni piano propone infatti, come in un design museum, una selezione di prodotti classici del design, a sottolineare la vitalità e l'attualità del Moderno, in sintonia con una tradizione che è riferimento costante nel lavoro dello studio.
In coerenza con tali valori, materiali, finiture e cromie si rifanno al Novecento milanese, contribuendo a un insieme che dosa con equilibrio contemporaneità e riferimenti classici: pareti in marmorino, pavimenti in terrazzo crema e nei toni del rosso, arredi su disegno prodotti da Molteni, in cui prevale una palette naturale che va dal crema al marrone.
La stessa attenzione al dettaglio delle aree comuni è stata riservata alle 123 camere e 33 suite, dotate in gran parte di arredi su disegno, dove l'expertise dello studio in tema di hospitality consente di garantire i più elevati standard di comfort.

There is a strong sense of connection in the interior design of this hotel in piazza Duca d'Aosta designed by Aldo Rossi, since the Arassociati architects collaborated with Rossi during the 1980s.
There is a direct comparison with the Rossi concept in this project, and one where the exclusive Arassociati style is evident, intensified in this illustration of sophisticated Milanese design.
After its construction, in a certain way, the hotel remained incomplete as the internal decor was furnished in standard hotel style, in strong contrast with the building's architectural concept.
Arassociati's project has given the hotel a distinctive character, exclusive, but coherent with Rossi's design, focussed on a new distribution of the internal layout and the rooftop, where a new sky garden was created.
The redesigning of the internal space has included certain iconic elements such as the elliptical staircase that connects the lobby with the upper floors, and the tall slatted wood elements, in elegant classical order, that line the route from the entrance to the reception.
The hotel's radical new layout focusses strongly on bespoke furnishings combined with famous examples of iconic Italian design. Each floor is individually furnished in the style inspired by a famous Italian designer.
This project was an opportunity for Arassociati to face a challenge concerning its affinity with the design influenced by the history of the hotel; it was planned like a skilfully curated exhibition based on research and reflection.
In fact, like a museum layout, each floor offers a selection of classic design products, underscoring the vitality and innovative qualities of the Modernist style, in harmony with a tradition that is a constant aspect of Arassociati design.
The refined quality of the materials, finishes and colour palettes are consistent with the 20th-century Milanese style, creating an overall effect with a clever balance of contemporary design and classical style: Venetian marmorino finish walls, cream and red terrazzo flooring, and bespoke furnishings by Molteni in natural shades ranging from cream to brown.
The same attention to detail in the public areas has been applied in the 123 bedrooms and 33 suites, most of which are furnished with bespoke pieces, where Arassociati's experience in hospitality sector interiors ensures the highest comfort standards.
The project for the roof terrace is particularly impressive; the restaurant offers wonderful panoramic views of the Porta

La muratura in laterizio si confronta con i caratteri classici del contesto adiacente.

Brick walls contrast with the classical nature of the adjacent buildings.

Di particolare rilievo è infine il progetto del roof terrace, con la creazione di un ristorante da cui godere di un eccezionale panorama sull'area Porta Nuova-Garibaldi, con i leggeri volumi vetrati e arretrati che non alterano la percezione del disegno originario.
Per l'accesso al piano terrazzo è stata realizzata una scala esterna, rivestita da una parete metallica a listelli che si connette per giustapposizione a quella in laterizio a vista che caratterizza le murature dell'hotel.

Nuova-Garibaldi district, through vast glass walls set back from the facade to prevent any changes to the original hotel design.
The roof terrace is accessed by an external staircase encased by a slatted metal wall set into the exposed brick wall, part of the original hotel design.

Le aree relax e lettura della hall di ingresso.

Relaxation and reading areas in the lobby.

In alto: il bancone del bar all'interno dell'area ristorante.
In basso: pianta del piano terra.

Top: bar counter inside the restaurant area.
Below: ground floor plan.

Il percorso di ingresso verso la reception è accompagnato da pannellature in legno ondulate.

Entrance route towards the reception area lined with undulating wooden pannelling.

Vista della scala che collega la lobby all'area ristorante.

View of the stairs connecting the lobby to the restaurant.

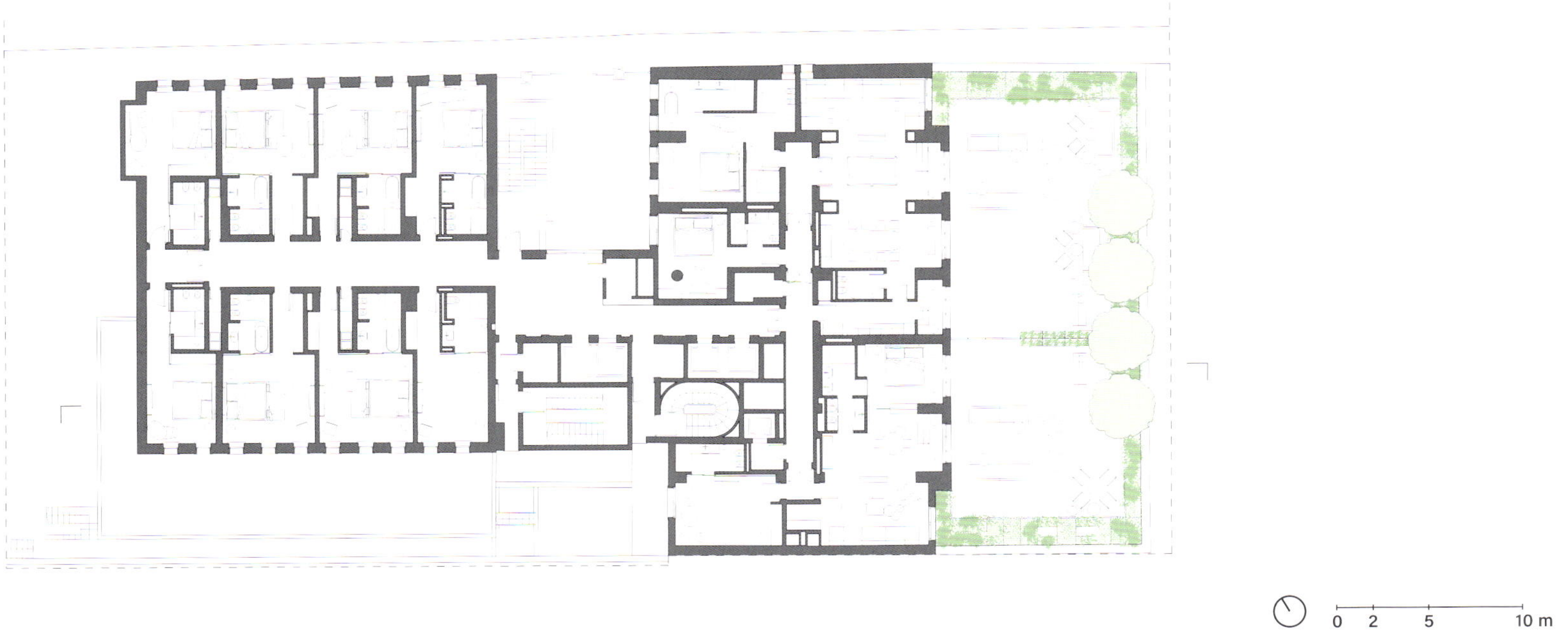

In alto: interno di una delle camere. In basso: pianta del primo piano.

Top: interior of one of the bedrooms. Below: first floor plan.

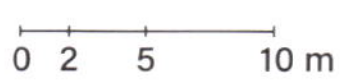

1. GUGLIEMO ULRICH, *WILLY*, POLTRONA FRAU
2. MARCO ZANUSO, *MAGGIOLINA*, ZANOTTA
3. JOE COLOMBO, *JOE COLOMBO*, KARTELL
4. VICO MAGISTRETTI, *TONDO*, DE PADOVA
5. IGNAZIO GARDELLA, *DIGAMMA*, SANTA&COLE
6. FRANCO ALBINI, *TRE PEZZI*, CASSINA
7. ACHILLE CASTIGLIONI, *SAN LUCA*, POLTRONA FRAU
8. LUIGI CACCIA DOMINIONI, *CATILINA*, AZUCENA
9. ALDO ROSSI, *PARIGI*, UNIFOR
10. GIO PONTI, *D.153.1*, MOLTENI&CO
11. B.B.P.R., *ELETTRA*, ARFLEX
    GIO PONTI, *D.153.1*, MOLTENI&CO
    GIO PONTI, *D.270.2*, MOLTENI&CO

In alto: gli interni della camera suite. In basso: sezione trasversale.

Top: interior of bedroom suite. Below: cross section.

Ciascun piano è contrassegnato da un pezzo classico del design milanese.

Each floor features a classic example of Milanese design.

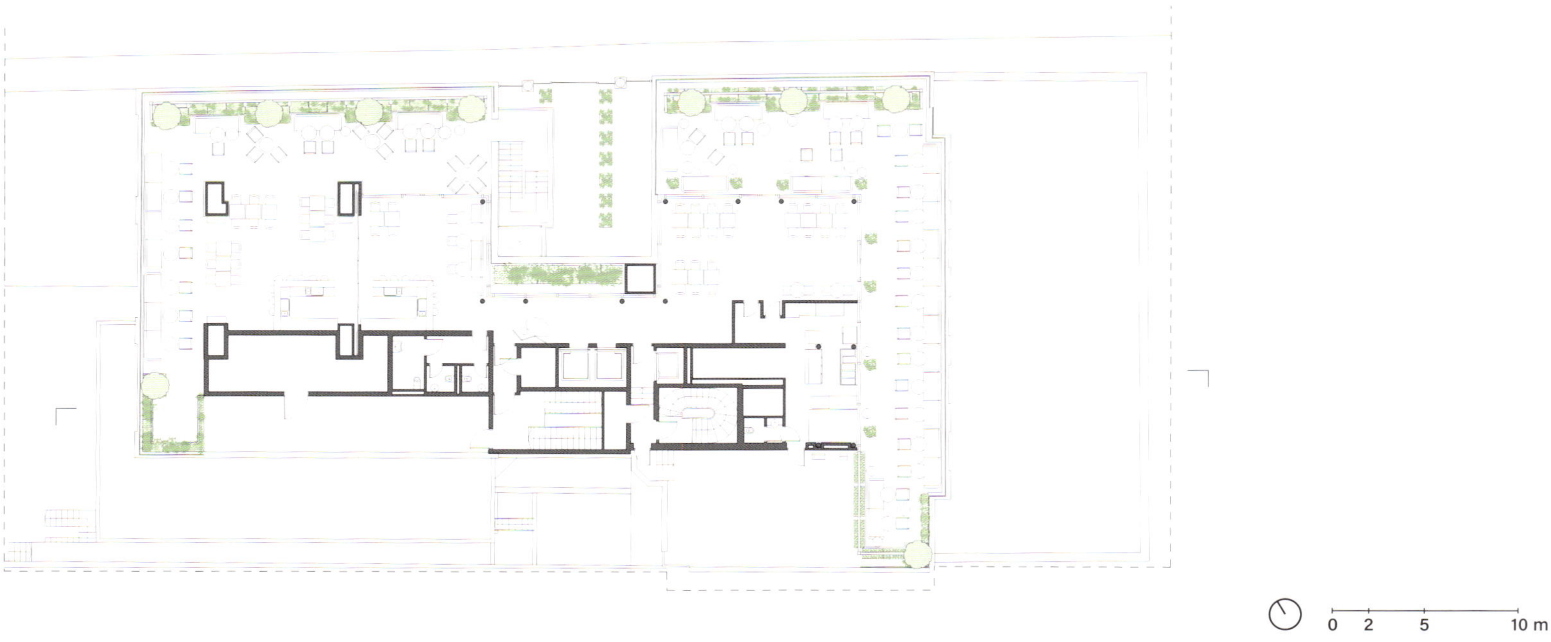

In alto e nella pagina a fianco: le aree all'aperto a servizio del ristorante in copertura. In basso: pianta del rooftop.

Top and opposite page: outdoor areas surrounding the rooftop restaurant. Below: rooftop plan.

Nelle pagine seguenti: il rooftop con veduta panoramica sul recente sviluppo della zona Porta Nuova.

Following pages: the rooftop with panoramic views over the recent Porta Nuova development.

Situato in un quartiere, quello di Porta Volta, interessato nei tempi più recenti da importanti interventi che ne hanno ridisegnato il volto, l'edificio dell'Hotel VIU Milan è una nuova costruzione che occupa il lotto delimitato a sud da via Fioravanti, su cui è posto l'ingresso principale, a est da via Bramante e a nord dal piazzale del Cimitero Monumentale.
L'hotel, che si sviluppa per otto piani fuori terra e ospita 124 camere e suite, si pone dunque come elemento di riferimento in un contesto particolarmente significativo, in cui si evidenziano le recenti realizzazioni della Fondazione Feltrinelli e dell'ADI Design Museum.
L'intervento si presenta come un insieme fortemente unitario — dalla nuova piazza pubblica prospiciente il Cimitero Monumentale sino al disegno degli interni e al rooftop — caratterizzato da un utilizzo coerente dei pur differenti materiali, orchestrati attraverso una regia in grado di controllare e condurre a una sintesi materiali, cromie e finiture.
Altrettanto unitaria è la concezione dei volumi, incorniciati e connotati dalle due facciate verdi, quasi un landmark che segna l'accesso alle vie Bramante e Niccolini. Il fronte su via Fioravanti, in cui si trova l'ingresso principale, è caratterizzato dal disegno regolare del rivestimento in legno lamellare, il cui coronamento è rappresentato dai leggeri volumi del rooftop.
L'affaccio sul piazzale del Cimitero Monumentale è invece concepito per masse contrapposte caratterizate dai volumi aggettanti e arretrati delle vetrate continue, dal particolare colore bronzato, corrispondenti alle camere.
Se alla forte unitarietà dell'esterno concorrono la matericità e le *nuances* brunite di ferro, vetro e legno lamellare, negli interni tale continuità è ottenuta attraverso il calibrato impiego di una palette di toni neutri e materiali nobili — come i tessuti Rubelli, i pavimenti in rovere tinto, gli arredi su disegno realizzati da Molteni — capace di creare un'estetica di discreta eleganza milanese.
Di particolare fascino è il terrazzo panoramico, che ospita una piscina e un roof bar, da cui è possibile godere di una vista di eccezione sulla città.

Hotel VIU Milan is located in the Porta Volta quarter, which has undergone a vast transformation thanks to recent extensive redevelopment. It is a new building that occupies an entire block; the southern facade with the main entrance is on Via Fioravanti; to the east is Via Bramante and the northern facade faces the piazza in front of the Milan Monumental Cemetery. The hotel rises eight floors above ground with 124 bedrooms and suites. It has become a reference point in a culturally significant area that houses recently completed projects like the Feltrinelli Foundation and the ADI Design Museum.
This building is a singular project with great impact — the new piazza in front of the Monumental Cemetery, the interior design and the rooftop construction are accentuated by the coherent use of different materials, carefully orchestrated to create a harmonious blend of materials, finishes and colour palette.
Another unusual aspect is the building design; the two side facades are completely covered with vertical gardens, almost forming a landmark to indicate the access to Via Bramante and Via Niccolini.
The facade with the main entrance on Via Fioravanti features a regular pattern composed of slatted wooden elements, while light rooftop structures crown the top floor.
The facade overlooking the Monumental Cemetery Piazza has a contrasting design with projecting and recessed elements along the glass wall windows coated with a special bronze finish.
While the external facades focus on different materials and the various burnished shades of steel, glass and slatted wood, the interior design is based on continuity, a balance achieved with a palette of soft neutral tones and quality materials like the Rubelli fabrics, stained oak flooring, and the bespoke furnishings created by Molteni — all of which combine to convey an atmosphere of elegant Milanese design.
The top floor houses a panoramic terrace, a swimming pool and roof bar with splendid views of the city.

L'hotel inserito nel rinnovato contesto urbano di Porta Volta.

The hotel integrated within the Porta Volta urban context.

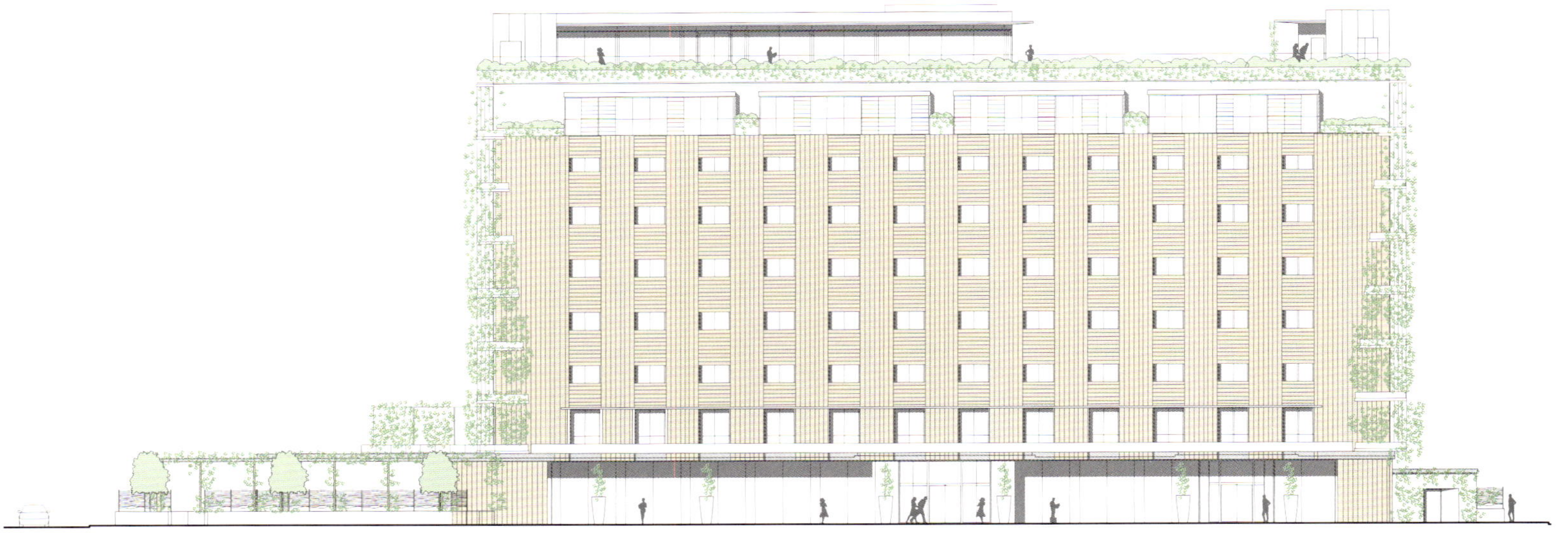

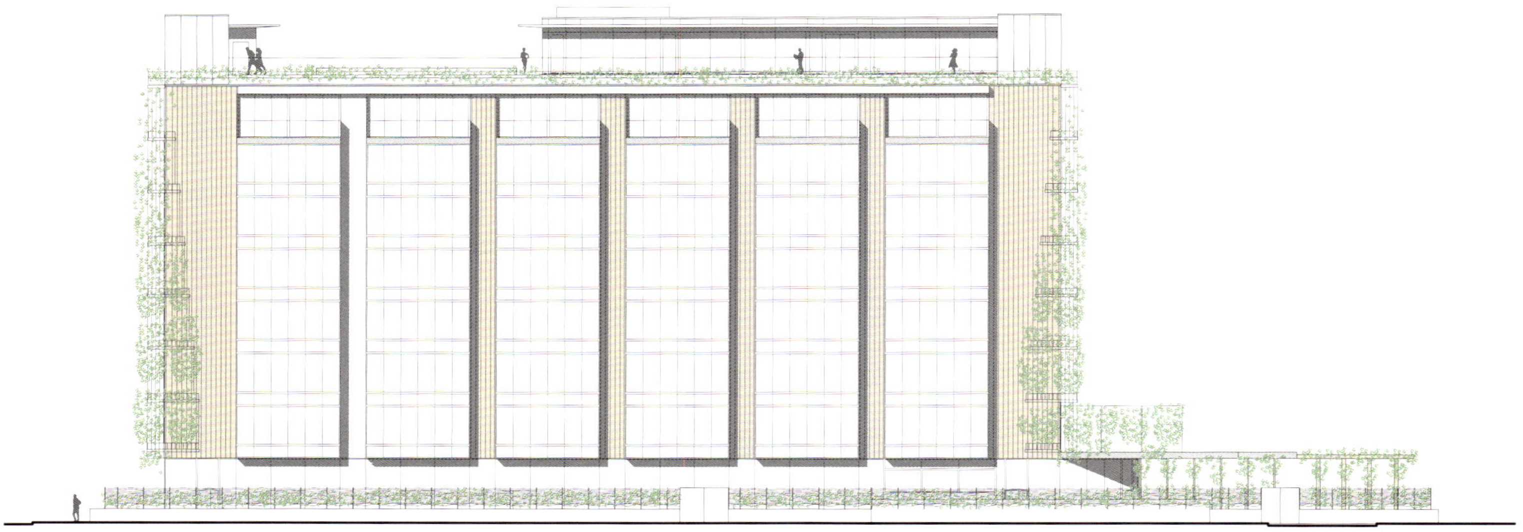

0 2 5 10 m

In alto: prospetto su via Aristotile Fioravanti. In basso: prospetto sulla nuova piazza che si innesta tra via Bramante e via Niccolini.

Top: front elevation of the building in Via Aristotile Fioravanti. Below: side elevation of the building in the new piazza inserted between Via Bramante and Via Niccolini.

Le testate laterali avvolte dal verde caratterizzano e inquadrano l'edificio.

Green planting frames the side facades and creates an attractive effect.

Veduta dell'ingresso su via Fioravanti.

View of the entrance in Via Fioravanti.

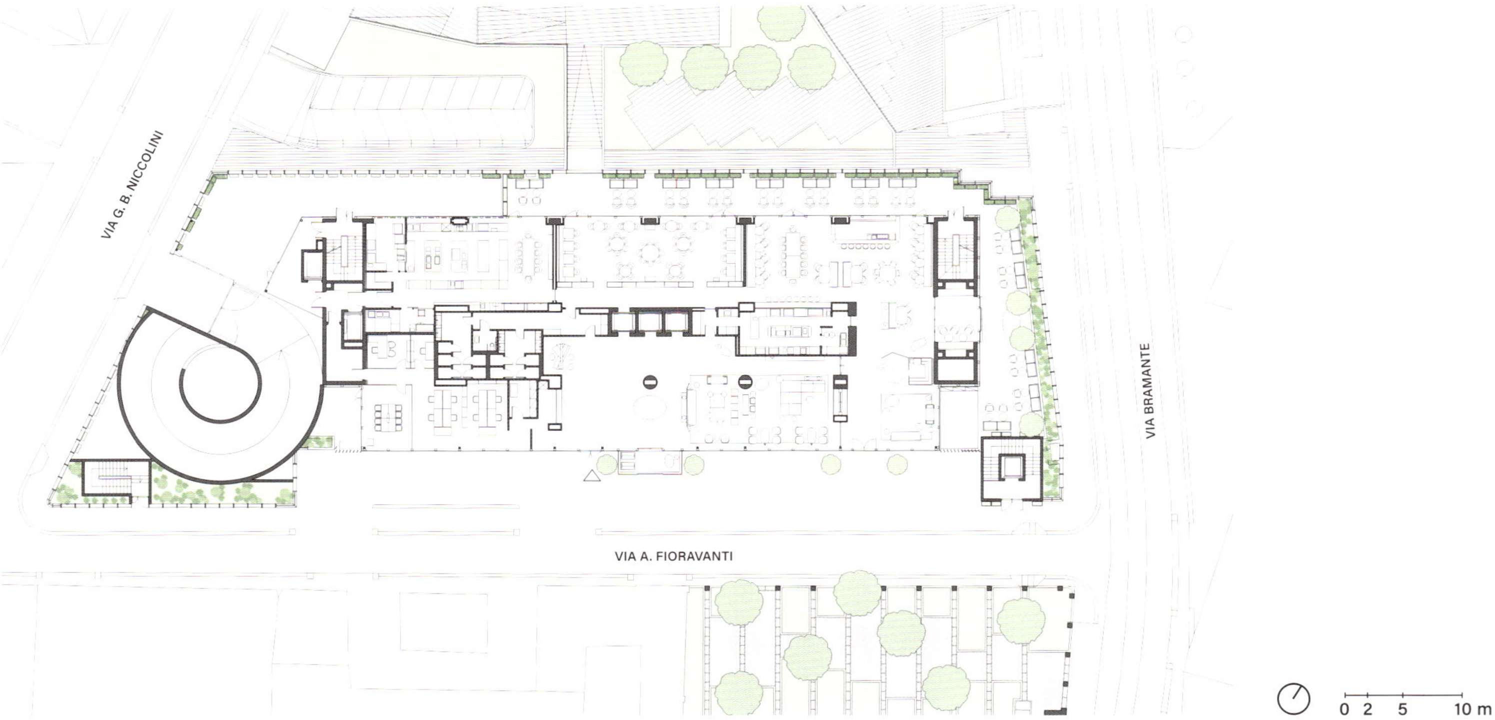

In alto: gli eleganti spazi di soggiorno che accolgono l'ospite all'interno della struttura.
In basso: pianta del piano terra.

Top: elegant living areas welcome guests within the building.
Below: ground floor plan.

Vista interna dell'ampia hall di ingresso.

Internal view of the large entrance foyer.

Cracking Art
JR

Nelle pagine precedenti: nella cucina un grande tavolo in legno può ospitare i commensali per vivere un'esperienza di show cooking. In alto: il Bulk Bar situato al piano terreno.

Previous pages: in the kitchen, a large wooden table can seat diners for show cooking events. Top: the Bulk Bar located on the ground floor.

La sala da bagno all'interno di una delle camere.

Bathroom in one of the bedroom suites.

L'ambiente interno con zona giorno dedicata di una suite.

Interior with living area in one of the suites.

**In alto: le ampie vetrate del rooftop consentono una continuità visiva tra interno ed esterno.
In basso: la terrazza con vista panoramica sullo skyline milanese.**

Top: the large rooftop glass walls provide visual continuity between interior and exterior.
Below: the terrace with a panoramic view of the Milanese skyline.

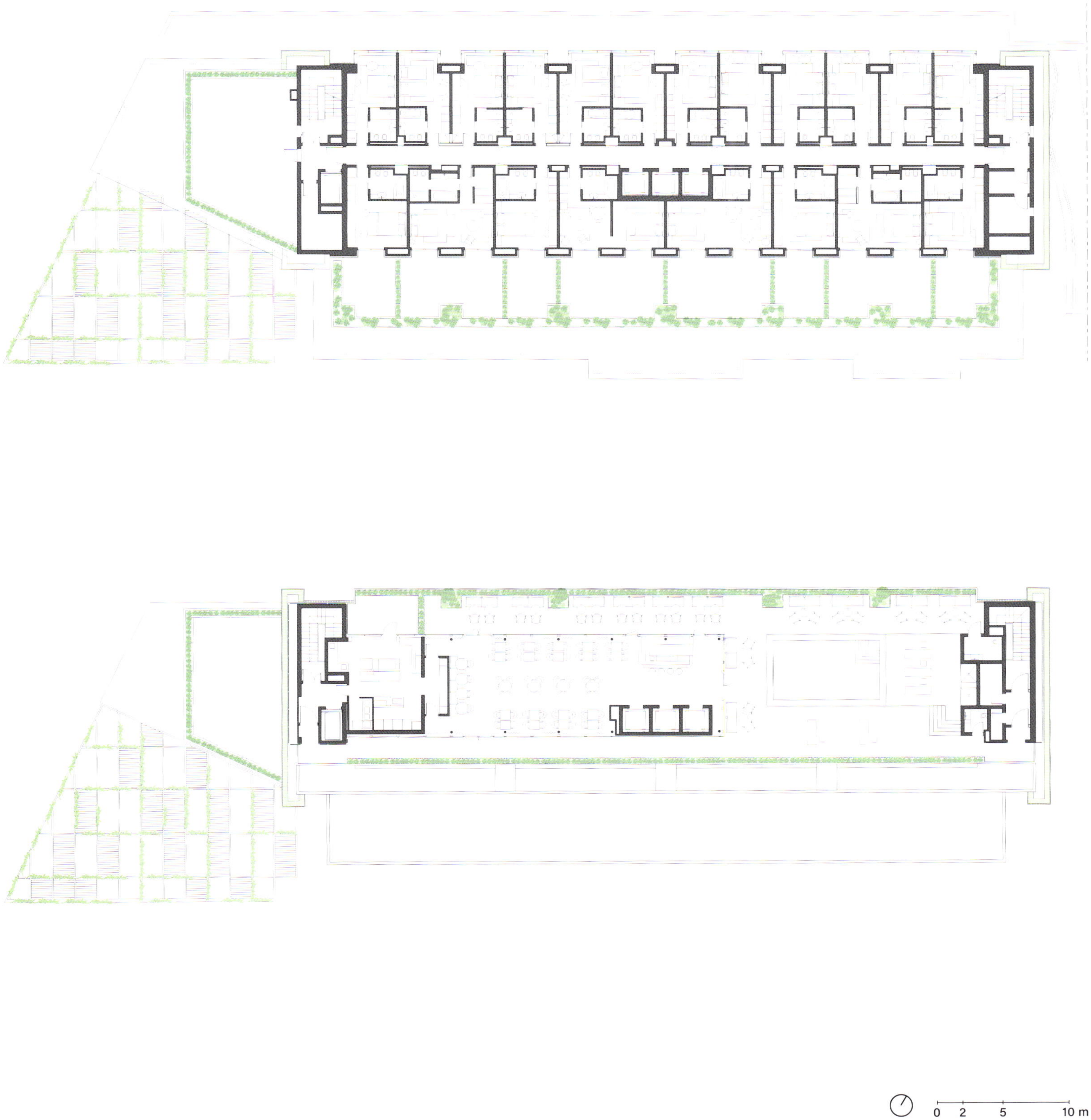

In alto: pianta del piano tipo delle camere con ampie terrazze verdi. In basso: pianta del piano terrazza definita dal verde perimetrale. Nelle pagine seguenti: prospetto sulla nuova piazza pubblica.

Top: plan of typical bedroom layouts with large planted terraces. Below: Terrace floor layout defined by planted perimeters. Following pages: view of the new public piazza.

L'intervento in via Mantegna ha riguardato la trasformazione ad uso abitativo di un edificio, costituito da due corpi di fabbrica, realizzato a inizio Novecento per ospitare uno stabilimento tipografico e i relativi uffici. Il primo fabbricato in stile liberty si affaccia su via Mantegna e mantiene l'originaria destinazione a uso terziario, il secondo, con caratteristiche più industriali, si sviluppa invece perpendicolarmente in lunghezza all'interno del lotto.
Il progetto ha previsto un recupero rispettoso delle preesistenze, così come delle esigenze di continuità con il contesto, a partire dai materiali originari, in particolare nel fronte su strada caratterizzato dall'utilizzo tipicamente liberty del cemento decorativo.
Un intervento più incisivo è invece quello effettuato sul lungo corpo interno, dove la partizione regolare delle aperture è stata trasformata con una connotazione maggiormente residenziale, inserendo nuovi terrazzi caratterizzati dal disegno dei parapetti in ferro, a cui corrispondono i giardini privati al piano terra.
Alla trasformazione concorre con un ruolo non secondario il progetto del verde, come sempre fortemente integrato con quello architettonico.
Le altezze del corpo interno, grazie a un abbassamento della soletta, sono state sfruttate per ottenere due nuovi piani, consentendo di configurare una varietà di soluzioni adeguate ai moderni standard abitativi.
All'interno di una sostanziale continuità di materiali che caratterizza i due corpi, gli spazi comuni interni sono connotati dall'uso del colore e di elementi di arredo di sapore modernista che concorrono a definire un insieme dall'elevata qualità abitativa e di abitare alla milanese.

The project in Via Mantegna involved the conversion of an industrial building into a residential complex. The edifice, composed of two buildings, dates back to the early 20th century and housed a printing factory and office spaces. The first building on Via Mantegna is Art Nouveau style and has maintained its use in the services sector, while the second, more industrial building, is located in a perpendicular position, set along the length of the site.
The project focussed on a restoration plan that respected the existing buildings, continuity with the surrounding context, and the use of original materials, especially on the street-front facade decorated with concrete ornamentation typical of Art Nouveau architecture.
A more radical intervention was carried out on the long building in the courtyard, where the regular division of the window openings was transformed to create a more residential style, with the inclusion of terraces and decorative metal railings that echo the style of the private gardens on the ground floor.
Another transformation, with just as much impact, is the landscaping, very closely integrated with the architecture, typical of Arassociati design.
Thanks to an intervention to lower the foundations, it was possible to incorporate two new floors in the increased internal height. This provided a range of different solutions coherent with modern residential standards.
Both buildings have been decorated with cohesive materials for continuity, and the communal spaces feature colours and furnishings with a Modernist flavour that reflect the refined quality of Milanese residential buildings.

Prospetto in stile liberty su via Mantegna.

Art Nouveau style facade in Via Mantegna.

In alto: vista della corte interna che evidenzia l'integrazione tra progetto del verde e progetto architettonico.
In basso: prospetto interno.

Top: view of internal courtyard featuring the integration between architecture and landscaping projects.
Below: side elevation.

L'ingresso con ampie vetrate a tutta altezza che inquadrano il verde della corte.

Entrance with full-height glass walls that frame the courtyard gardens.

La moderna hall di ingresso contrasta con lo stile liberty della facciata.

The modern entrance lobby contrasts with the Art Nouveau facade.

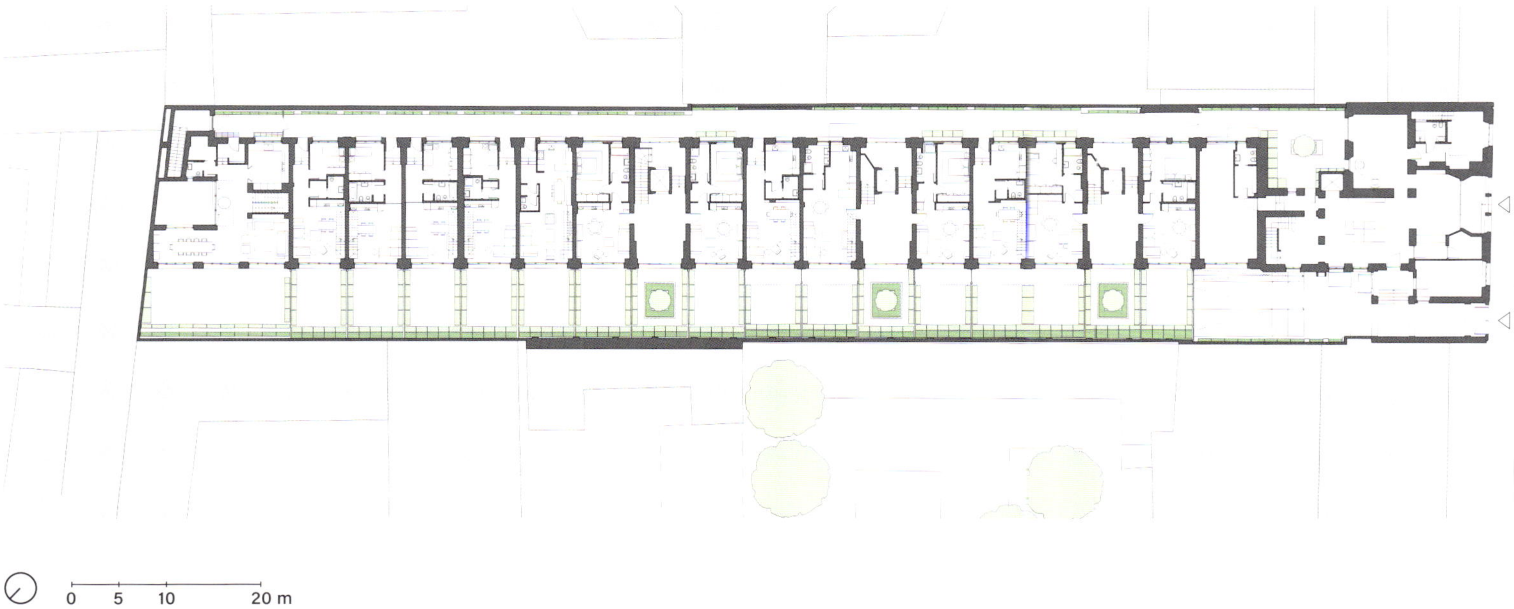

In alto: gli spazi comuni interni connotati dall'uso del colore. In basso: pianta del piano terra. Nelle pagine seguenti: vista interna dei giardini delle townhouse.

Top: colour is used to define the internal communal areas. Below: ground floor layout. Following pages: internal view of townhouse gardens.

L'intervento riguarda la trasformazione di una vecchia struttura ricettiva in un edificio residenziale affacciato su corso Garibaldi, in un contesto caratterizzato dalla presenza della chiesa quattrocentesca di Santa Maria Incoronata, emergenza di grande qualità con cui il progetto si pone in stretta relazione.
Il nuovo prospetto su corso Garibaldi, di classica modernità, è caratterizzato da ampie logge e finestre panoramiche. Suddiviso in tre fasce — basamento, piani centrali in pietra chiara e ultimi due piani in metallo bronzato, oltre a un piano con giardino pensile e pergolati in copertura — il fronte è connotato dai marcapiani in chiara pietra di Montorfano, in contrasto con le profonde logge e i serramenti in metallo brunito che contribuiscono a un effetto chiaroscurale dell'insieme.
Il progetto si propone una raffinata ricucitura dell'edificato esistente, risolta tenendo conto dei differenti allineamenti degli edifici attigui. Si è così scelta una differente modulazione del basamento rispetto ai piani soprastanti. Il primo segue infatti il tracciato stradale preesistente e si allinea all'edificio confinante a sud, mentre a partire dal primo piano la facciata segue l'allineamento con l'edificio contiguo a nord.
Gli stessi ampi loggiati si ritrovano negli interni, in cui la presenza discreta del verde dialoga con il bel giardino piantumato.
All'interno, la hall raccoglie l'eredità moderna degli eleganti ingressi borghesi di Milano, nel lusso discreto delle boiserie, qui attualizzato dall'abbinamento con i metalli bruniti.
Particolarmente raffinato è lo studio degli scorci fruibili dall'interno, imperniati sul rapporto privilegiato con la chiesa di Santa Maria Incoronata, sviluppando con sensibilità un tema verso cui — è il caso ad esempio dei progetti in Santa Maria alla Porta — lo studio si dimostra sempre attento.

This project involved the conversion of an old guest house into an apartment building in Corso Garibaldi. Directly opposite the building is the superb 15th-century Church of Santa Maria Incoronata, part of Milan's historical heritage which the architects had to consider when designing the facade.
The new facade on Corso Garibaldi has a classical modern style with large loggia balconies and full height glass curtain walls. The building is divided into three sections: the glazed fronted ground floor, the middle floors in cream coloured stone, and the two top floors with a bronzed metal finish. There is also an attic floor with pergola and roof garden. The facade string courses are in cream Montorfano stone, in contrast with the spacious terraces, window and door frames in bronzed metal that create a chiaroscuro effect.
The project has maintained a refined coherence with its surroundings, keeping in mind the different alignments of the adjacent buildings. It was decided to create a different design for the ground floor compared to the upper floors. It maintains the previous street level and is aligned with the adjacent building on the southern side, while the upper floors follow the alignment of the building on the northern side.
The internal facade features the same spacious terraces, with greenery planters to create a subtle harmony with the landscaped garden.
Inside the building, the entrance hall recalls the Modernist style of elegant 20th-century Milanese apartment buildings; the discretely elegant boiseries are given a contemporary touch combined with burnished metal.
The refined entrance has been carefully designed to provide a view of the historic church opposite, with the same attention and sensitivity that the architects applied for the project in Santa Maria alla Porta.

Il palazzo inserito nella prospettiva urbana.

Building integrated within urban surroundings.

121

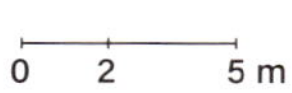

**In alto: prospetto interno.
In basso: prospetto principale esteso al contesto su corso Garibaldi.**

Top: rear elevation.
Below: front elevation.
The facade is integrated with neighbouring buildings in Corso Garibaldi.

Fronte principale visto dal sagrato della chiesa di Santa Maria Incoronata.

Main facade seen from the parvis of the church of Santa Maria Incoronata.

In alto: l'ingresso caratterizzato da tonalità lignee e bronzate. Nella pagina a fianco: la hall con il bassorilievo in bronzo della mappa storica di Milano.

Top: entrance featuring wood and bronze tones. Opposite page: the hall with the bronze bas-relief showing the historical map of Milan.

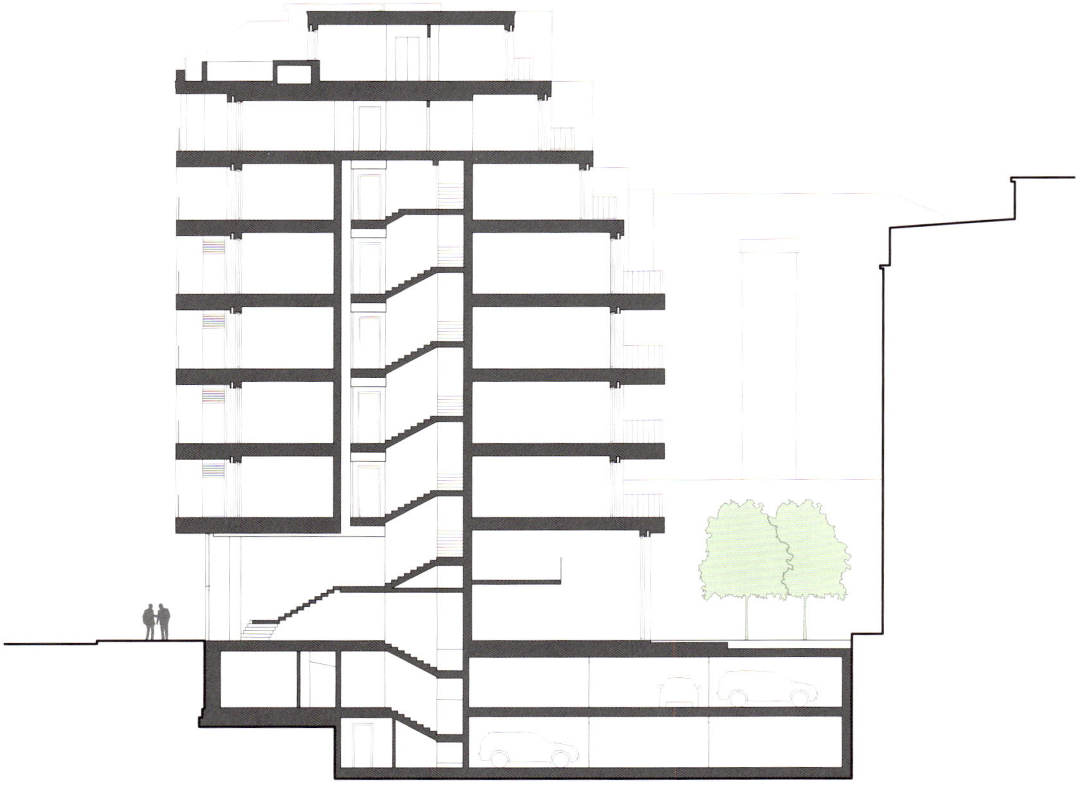

**In alto: sezione trasversale.
In basso: pianta del piano terra
inserito nel contesto.**

Top: cross section.
Below: ground floor layout
integrated in surrounding context.

Vista di Santa Maria Incoronata dalla hall e dettaglio della vetrata d'ingresso.

View of Santa Maria Incoronata from the foyer, and detail of entrance window.

PANINO GIUSTO

Nella pagina a fianco: fronte principale su corso Garibaldi. In alto: l'edificio inserito nel fronte urbano e in rapporto con la chiesa attigua.

Opposite page: main facade in Corso Garibaldi. Top: the building integrated with urban facades and showing the adjacent church.

Porta Nuova Centro si pone all'interno di uno degli interventi di riqualificazione più rilevanti in Europa, che apre la città a uno spirito internazionale, creando un nuovo fulcro attrattivo che contribuisce fortemente alla trasformazione policentrica della città.
L'intervento opera una raffinata mediazione tra il nuovo skyline della Milano verticale e il vecchio tessuto residenziale, prevedendo un corpo alto, di dieci piani, posto all'incrocio tra le vie Marco Polo e Vespucci, che si raccorda in altezza con gli edifici attigui attraverso volumi più bassi.
Il progetto scaturisce dal disegno della soluzione d'angolo del fronte — una quinta visiva giungendo da piazza Alvar Aalto — caratterizzato dal movimento circolare dell'attacco a terra e delle ampie logge, da cui sembra generarsi la più serrata ritmica compositiva dei fronti di via Marco Polo e via Vespucci. A sua volta, la circolarità del basamento si stempera in altezza, attraverso profili sempre più squadrati che si contrappongono alle logge, giungendo nell'insieme a un risolto equilibrio.
Il raccordo con i corpi più bassi è raggiunto attraverso un accurato disegno dei lati corti digradanti — in cui sono ricavati ampi loggiati — che introducono un elemento di dinamismo e abbracciano il giardino interno.
Un importante elemento di continuità è rappresentato dai marcapiani chiari che connotano sia i fronti su strada che quelli interni, una sottolineatura in senso orizzontale ulteriormente rafforzata dall'incisiva presenza del verde nelle terrazze e a coronamento dei corpi bassi, veri e propri giardini pensili in cui trovano spazio aree lounge e una piscina aperta.
Alla solidità dei marcapiani corrisponde la leggerezza dei parapetti trasparenti e delle ampie vetrate, in un gioco di scomposizione delle masse tra questi vuoti e i pieni dei materiali lapidei.
Sulla trasparenza e sulla permeabilità visiva gioca in particolare l'attacco a terra, in cui trovano spazio la grande hall di rappresentanza e i servizi comuni con area fitness e piscina coperta su via Marco Polo.
Un calibrato intervento che trova il proprio equilibrio nell'identità di edificio residenziale milanese in stretto dialogo con le presenze internazionali del nuovo distretto Porta Nuova.

Porta Nuova Centro is situated in one of the largest redevelopment projects in Europe which has opened up the centre of Milan, creating an international atmosphere and a new financial and cultural hub that has made a vast contribution to the polycentric transformation of the city.
This residential complex has achieved a refined compromise between the new vertical skyline of Milan and the surrounding urban residential buildings. The complex is ten storeys high, and is located at the intersection of Via Marco Polo and Via Vespucci, while the lower sections are on a level with the adjacent apartment buildings.
A main aspect of the project is the corner facade, with visual impact seen when approaching from piazza Alvar Aalto; the rounded corner, ground level base and the large loggia balconies above, create a more regular composition on the facades overlooking Via Marco Polo and Via Vespucci. The curved base height is tempered by a slightly squared off contour, forming a contrast with the loggias for a well-balanced effect.
The connection with the lower structures is achieved through the clever oblique design of the narrower facades, with terraces that increase in size with each descending floor, providing a dynamic effect and surrounding the whole internal garden.
An important element for continuity is created by the light coloured string courses on both the street and internal garden facades. These horizontal bands are accentuated by the vibrant greenery on the terraces and surrounding the lower structures, creating hanging gardens around the lounging areas and outdoor pool.
The solid string courses contrast with the transparent railings and vast windows, creating a play between solids and voids in the stone facades.
The transparency and visual openness is especially apparent on the ground floor which houses the vast lobby and communal services with a fitness area and indoor pool accessed from Via Marco Polo.
This is an extremely well-balanced project which was able to achieve a middle ground with the characteristics of refined traditional Milanese residential buildings, in a contemporary interpretation perfectly in harmony with the international ambience of the new Porta Nuova district.

L'iconico vertice d'ingresso su via Vespucci e via Joe Colombo.

Iconic entrance apex in Via Vespucci and Via Joe Colombo.

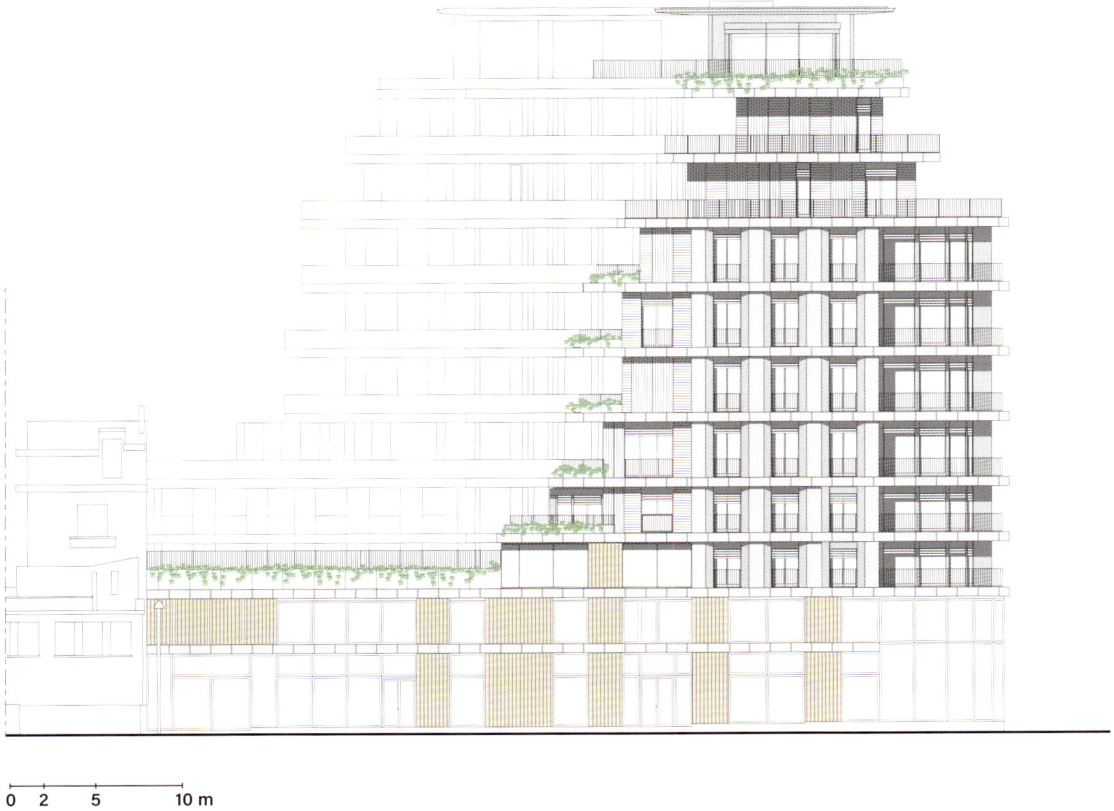

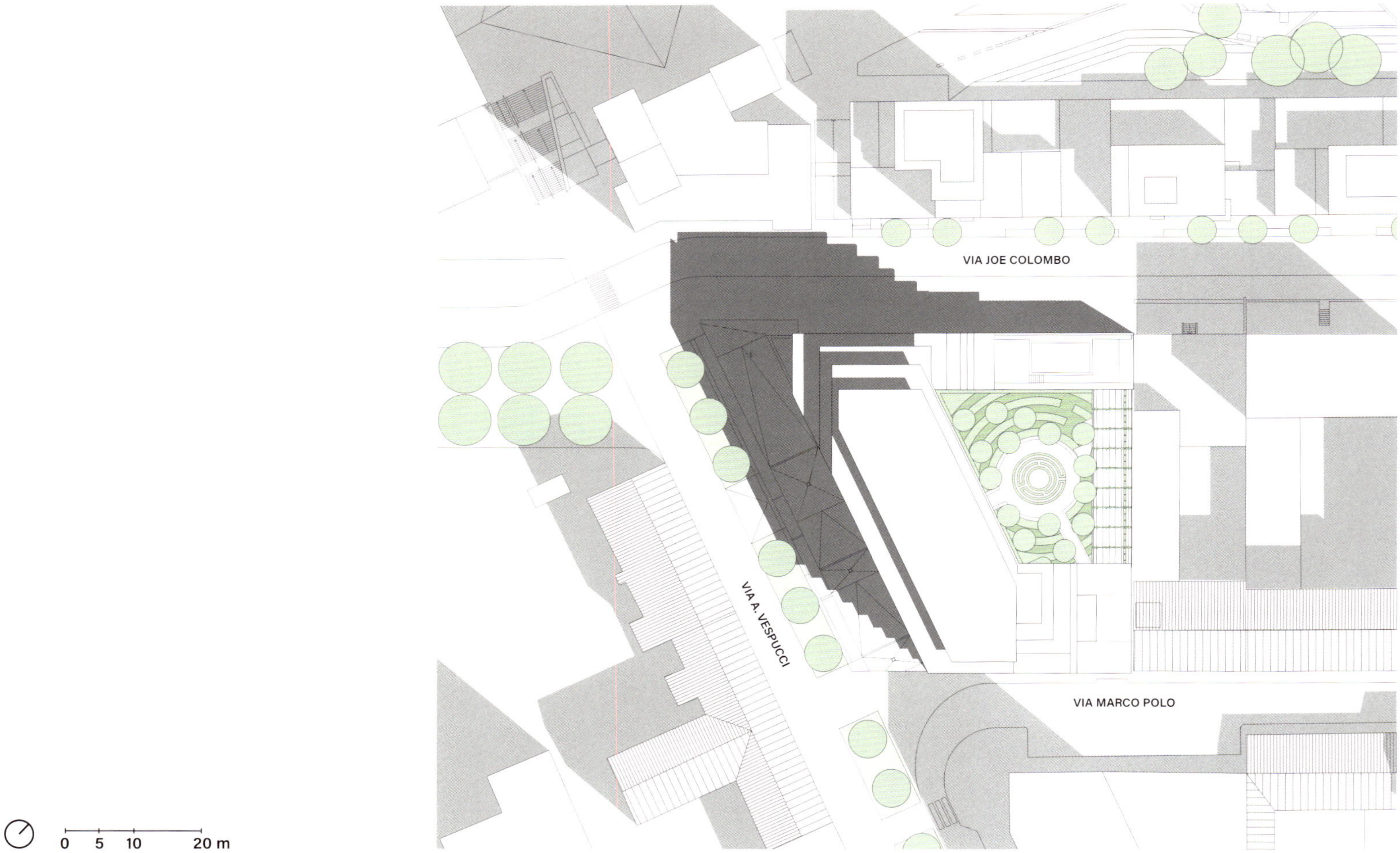

In alto: prospetto su via Joe Colombo. In basso: planimetria generale.

Top: front elevation of the building in Via Joe Colombo. Below: general layout.

L'ingresso d'angolo visto nella prospettiva urbana.

The corner entrance seen in urban surroundings.

La grande hall d'ingresso verso Porta Nuova.

The large entrace hall facing Porta Nuova.

In alto: pianta del piano terra e dei giardini. In basso: pianta del piano secondo.

Top: ground floor and garden layout. Below: second floor plan.

Il giardino interno e i loggiati nel contesto di Porta Nuova.

Internal garden and balconies in Porta Nuova quarter.

Le ampie vetrate dell'area piscina e spa incorniciano il verde della corte interna.

Glass walls in the pool and spa area frame the internal courtyard gardens.

In alto: l'edificio inserito nel rinnovato contesto urbano di Porta Nuova. Nella pagina a fianco: vista dell'edificio dal complesso di Porta Nuova.

Top: the building integrated in redeveloped Porta Nuova urban district. Opposite page: view of the building from the Porta Nuova complex.

HSBC

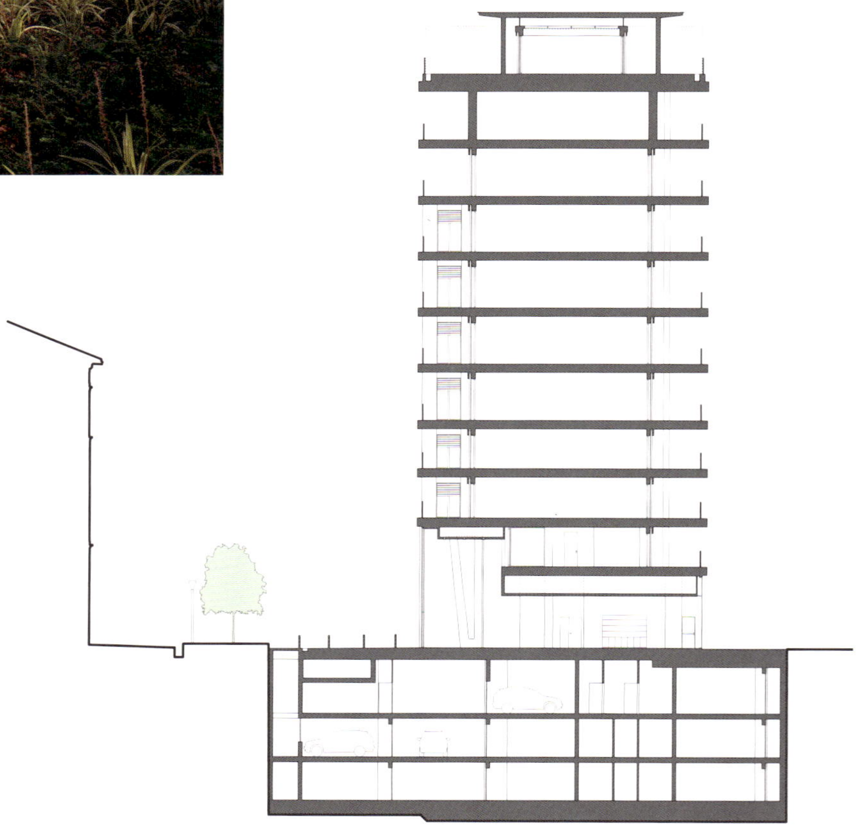

0 2 5 10 m

Nelle pagine precedenti: la vista urbana dall'interno della corte-giardino. In alto: la corte-giardino. In basso: sezione trasversale.

Previous pages: urban views from inside the courtyard garden. Top: courtyard garden. Below: cross section.

L'angolo come landmark urbano.

The corner as an urban landmark.

Il progetto interviene su un lotto regolare, precedentemente occupato da un vecchio edificio terziario composto da due corpi separati da un cortile interno, e prevede la realizzazione di 28 appartamenti su sei livelli fuori terra. Due corpi scala, posti in asse rispetto alla corte, servono i volumi edilizi ed i nuovi piani interrati con i box.
Il nuovo intervento presenta un fronte che si integra in cortina con gli edifici attigui, mentre nello sviluppo interno del lotto, di cui viene conservato il cortile, vengono creati nuovi volumi, caratterizzati da ampie logge in stretto rapporto con il giardino da cui risultano circondate. Caratteri, questi, che vengono confermati dai giardini privati al piano terra e dalle terrazze verdi con piscina in copertura, contribuendo a creare un insieme fatto di esclusività e quiete.
La riservatezza di questi giardini, quasi segreti, custoditi all'interno di un contesto totalmente urbano è in fondo una caratteristica propria delle corti nobiliari milanesi e, in questo solco, vengono qui ridefiniti gli standard abitativi di lusso, aggiornati secondo un'idea di trasparenza e di compenetrazione tra interno ed esterno. Un nuovo concetto di qualità abitativa di cui fanno parte alcuni servizi comuni, quali la palestra e la piscina coperta con area relax ad uso esclusivo dei condomini.
A questo carattere quasi intimo degli spazi interni al lotto si contrappone il rigore del fronte su strada, per il quale i riferimenti principali restano quelli del Novecento milanese, in particolare nell'elegante partitura scandita con regolarità da elementi verticali a imprimere un carattere di classicità all'insieme.
L'utilizzo coerente di materiali nobili, sia in facciata che nell'ingresso con un grande atrio di rappresentanza, contribuisce ulteriormente al carattere di sofisticata esclusività dell'edificio.

This project is located on a regular plot that previously housed a business services complex composed of two structures separated by an internal courtyard. The new complex has 28 apartments spread over six storeys above ground. Two stairways from the courtyard provide access to the two buildings and the new underground garages.
The new street-front facade is integrated to align with the adjacent buildings, while the internal development in the original courtyard has been redesigned with spacious, shrub-planted terraces in harmony with the surrounding landscaped garden. The ground floor apartments have private gardens, while the top floor residences have private terraces, swimming pools and planted greenery, creating an exclusive, calm atmosphere.
The private, almost secret gardens, hidden in the middle of a busy city, recall the inner courtyards of aristocratic Milanese residences, and in this case, in keeping with the luxury standards of the complex, enhanced with a design based on transparency and the elimination of barriers between outdoors and indoors. This is a new concept of luxury urban living that includes communal services like a gym, indoor pool, and relaxation area for the exclusive use of the residents.
The almost intimate atmosphere of the internal courtyard garden is in strong contrast with the strict precision of the street-front facade, which however, still reflects the basic principles of early 20th-century Milanese architecture, especially the elegant vertical elements that give the facade a classical effect.
Refined quality materials are used on the facade and in the vast entrance lobby in coherence with the residence's general sense of sophisticated exclusivity.

Vista del corpo interno dai giardini privati.

View of interior from the private gardens.

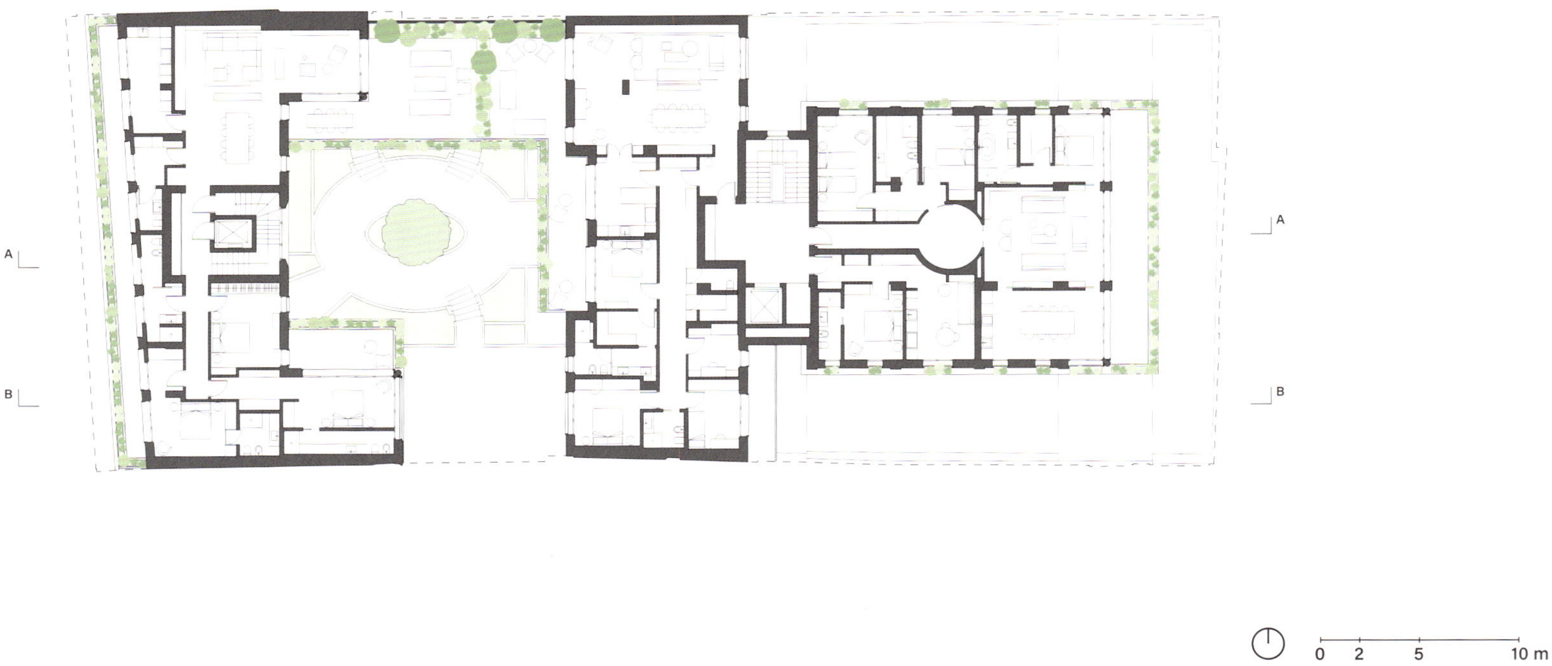

In alto: fronte principale d'ingresso su via Varese. In basso: pianta generale del piano tipo.

Top: main front entrance in Via Varese. Below: typical floor general layout.

Vista della corte loggiata.

View of courtyard loggias.

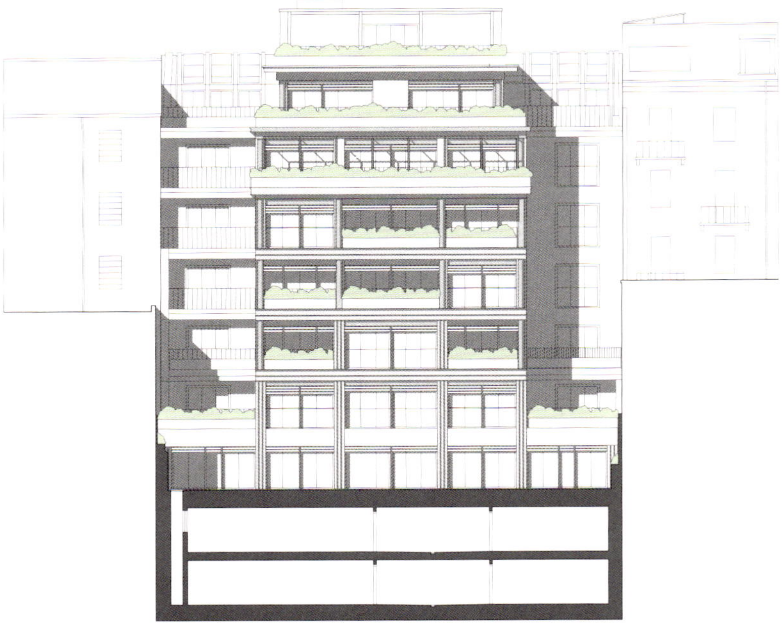

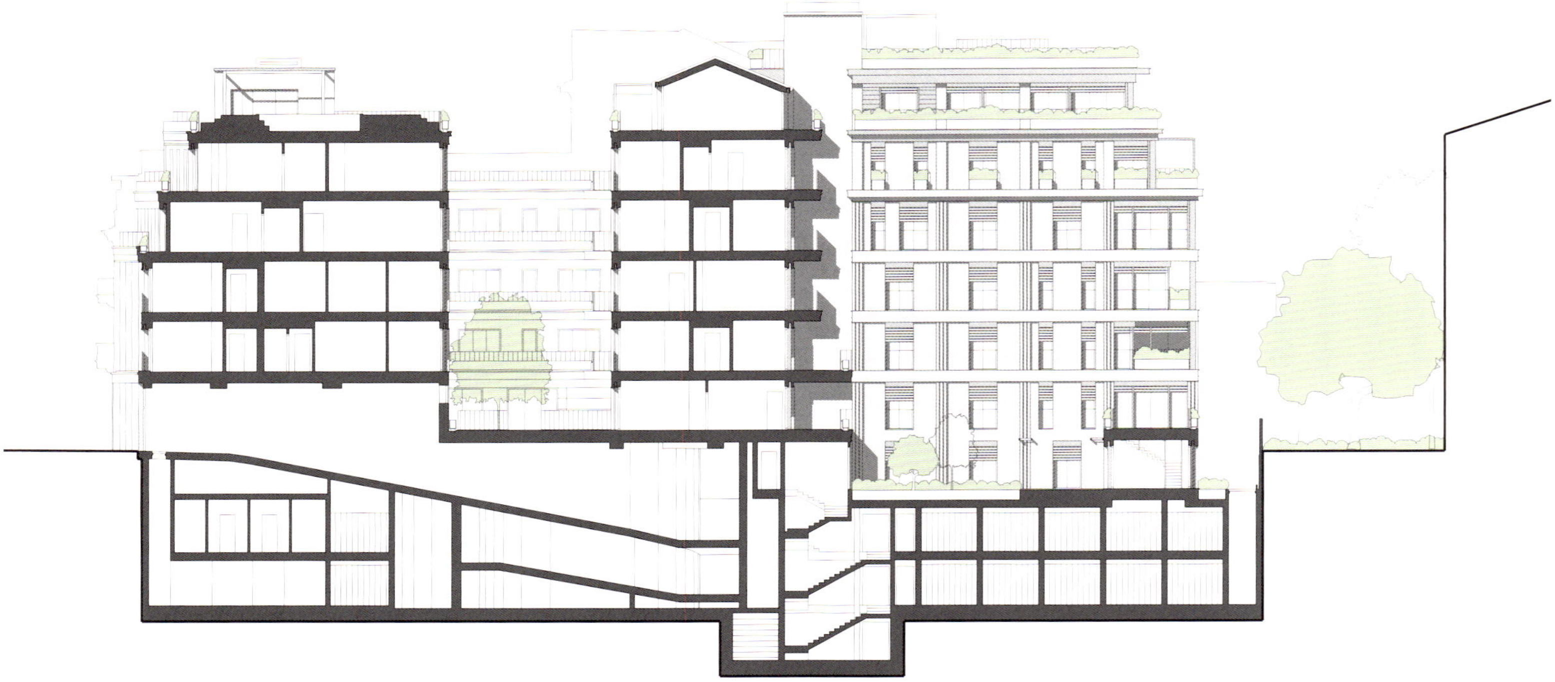

0 2 5 10 m

In alto: prospetto-sezione del corpo interno.
In basso: sezione longitudinale urbana del lotto e prospetto del corpo interno.

Top: rear elevation of the building.
Below: lengthwise cross section of urban plot and internal elevation of the building.

Gli spazi di soggiorno e gli interni dell'attico nel corpo centrale.

Living room area and interior views of the attic in central building.

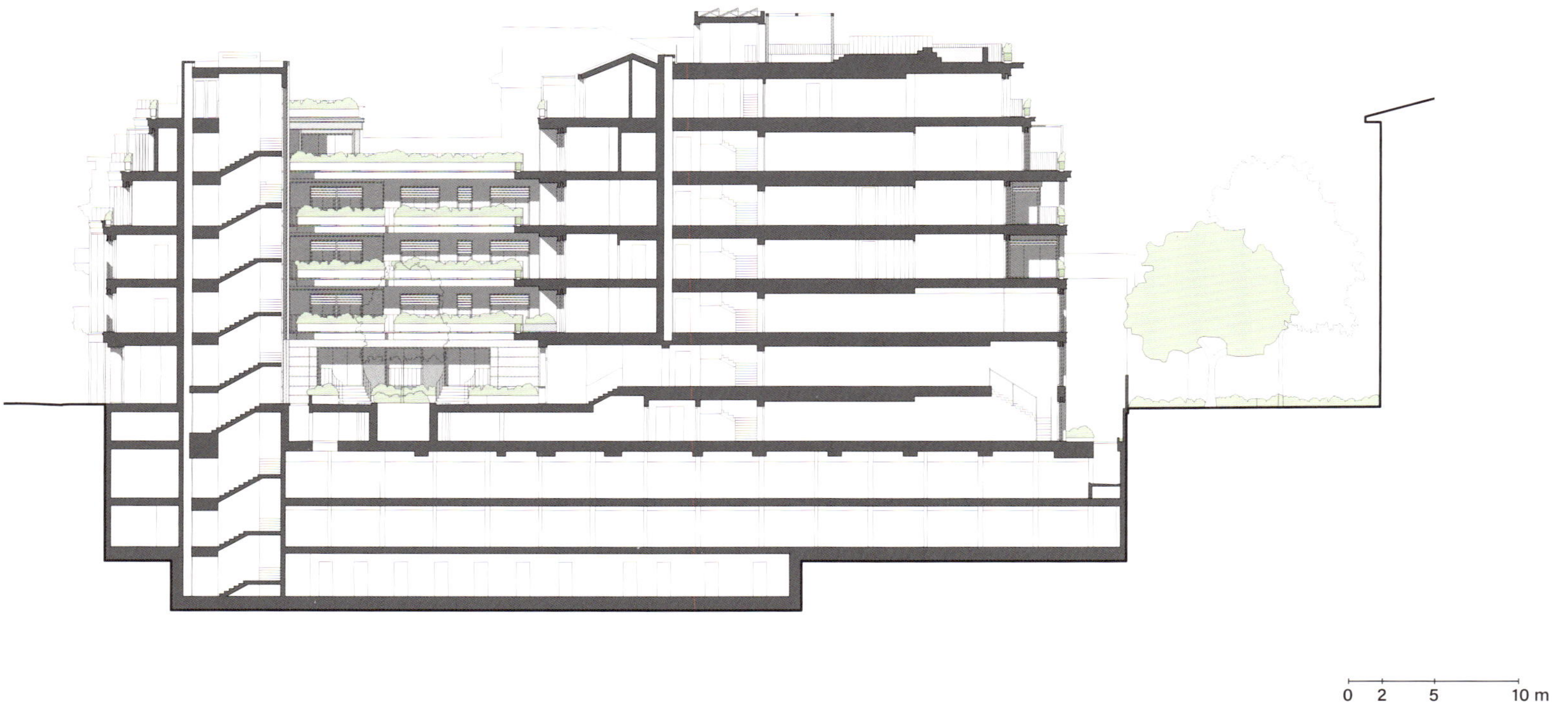

In alto: le terrazze attrezzate in copertura.
In basso: sezione longitudinale.

Top: furnished rooftop terraces.
Below: lengthwise cross section.

Le terrazze e giardini pensili nel panorama urbano.

Terraces and roof gardens in the urban panorama.

Espressione di un repertorio compositivo e organizzativo ormai consolidato, il complesso di via Compagnoni ben rappresenta la capacità dello studio di muoversi attraverso un professionismo colto, in grado di esprimere risultati costanti e sempre di alto livello, sia dal punto di vista della qualità abitativa, sia sotto l'aspetto della qualità architettonica.
Il complesso, per l'organizzazione in blocchi tra loro collegati, si rifà alle *Höfe mitteleuropee*. Qui il sistema prevede che le corti comunicanti si trasformino in spazi verdi, *horti conclusi* contemporanei.
Il progetto è organizzato secondo uno schema ben collaudato, che prevede il completamento in cortina su via Compagnoni, mentre lo sviluppo in lunghezza all'interno del lotto è configurato da tre blocchi edilizi cui si alternano corti e giardini, assegnando al verde una funzione di collegamento tra i blocchi stessi, attraverso il percorso pedonale di distribuzione ai differenti corpi.
Se il trattamento del corpo su strada si attiene ai principi di adeguatezza al contesto, mantenendo tra l'altro la copertura a falde, i corpi interni prevedono un'articolazione delle facciate che consente un forte rapporto con l'esterno, grazie a logge, terrazzi, balconi e giardini a uso privato che, uniti al sistema di giardini e corti alberate, concorre a un effetto di varietà dello spazio verde.
Le aree che ospitano i servizi comuni del complesso sono improntate alla sobria eleganza richiesta da un habitat residenziale di qualità, caratterizzato da esclusività e riservatezza, a cominciare dalla grande hall di accoglienza e rappresentanza posta su via Compagnoni, all'importante zona wellness, caratterizzata dal patio-solarium ricavato dal ribassamento della prima corte, intorno al quale si dispongono la palestra e la piscina, collegabili al patio grazie a grandi vetrate scorrevoli.

This residential complex, in Via Compagnoni, is the expression of Arassociati's well consolidated design and organisational expertise. This project is a prime example of the architects' professional capacity, constantly producing projects of superb quality, for both living standards and the elegant architectural design.
This complex is based on the Middle-European *Höfe*, composed of connecting courtyards, transformed into green spaces, the contemporary equivalent of the *hortus conclusus* or enclosed garden.
The project is based on a well-proven system, where the front of the building completes the street facades in Via Compagnoni, while the complex is developed along the entire length of the internal site. It is composed of three buildings separated by courtyards and gardens where the greenery plays a connecting role, with walkways leading to the various buildings.
The street-front facade respects the alignment with the adjacent buildings for consistency, even maintaining the same roof pitch. In contrast, the internal buildings are designed to be strongly connected with the outdoors, with loggias, terraces, balconies and private gardens, creating a variety of green spaces together with the tree-lined courtyards and landscaped gardens.
The communal areas in the complex feature a sober elegant design, consistent with a residential complex of this quality, ensuring exclusive privacy. This begins with the vast entrance lobby accessed from Via Compagnoni, and continues through to the luxurious wellness area with its patio-solarium, excavated in the first courtyard, surrounded by the fitness gym, and swimming pool, connected to the patio through large sliding windows.

Veduta del percorso pedonale interno al lotto.

View of the pedestrian walkways inside the plot.

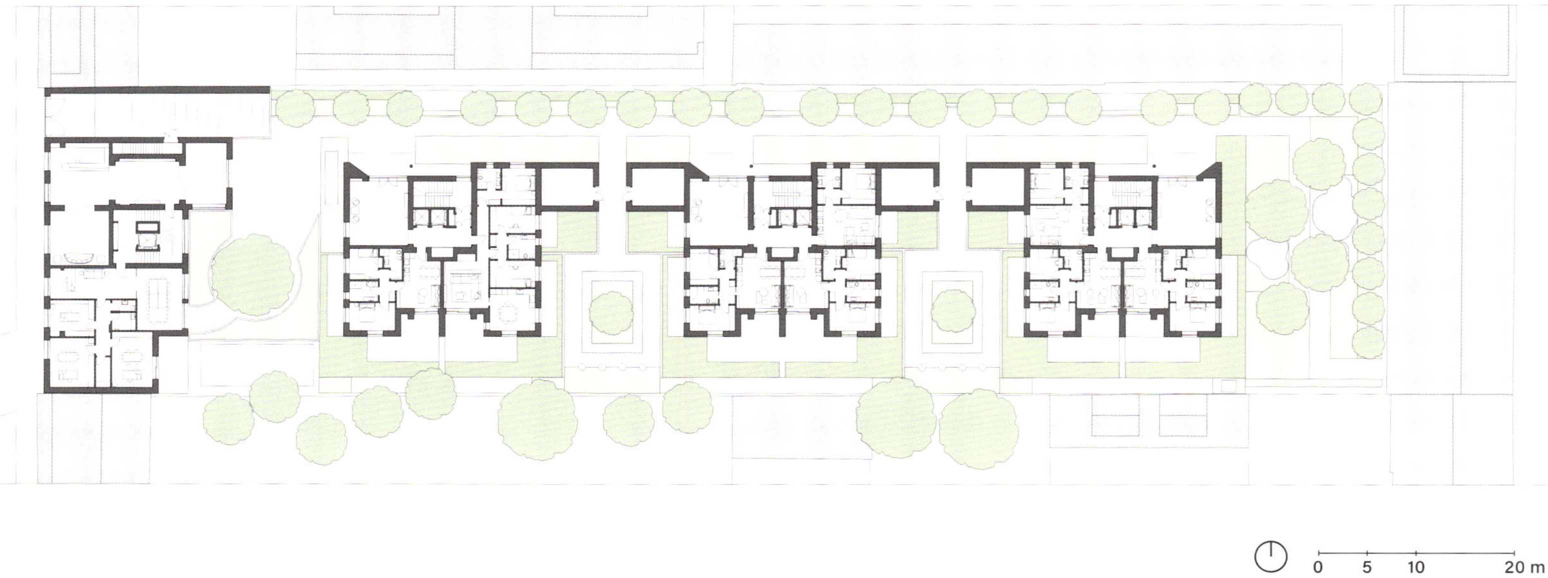

In alto: fronte principale d'ingresso su via Compagnoni. In basso: planimetria generale del piano terra e percorsi interni.

Top: main front entrance in Via Compagnoni. Below: general ground floor layout and internal paths.

In alto: gli edifici interni al lotto. In basso: prospetto con inserimento urbano su via Compagnoni e prospetti dei corpi interni lungo la sezione del lotto.

Top: buildings inside the plot. Below: front elevation of the building in Via Compagnoni and side elevation of the plot.

L'intervento residenziale situato a breve distanza dal Castello Sforzesco e da via Dante, si colloca in un contesto eterogeneo, con prevalenza di edifici realizzati tra Settecento e Ottocento, e si confronta con i lotti confinanti di Palazzo Cagnola e del complesso realizzato nel dopoguerra da Figini e Pollini, i quali con forte sensibilità avevano conservato e valorizzato gli alberi secolari esistenti.
Il progetto è caratterizzato da due blocchi, il più basso dei quali è posto su via Rovello e si raccorda in altezza agli edifici attigui, mentre è separato da una corte interna dal secondo e più alto blocco.
Il fronte esterno su strada è caratterizzato dall'alternanza e dal contrasto cromatico tra ampi loggiati vetrati, a loro volta parzialmente schermati per garantire adeguata privacy, e parti intonacate o con rivestimento lapideo.
Gli scavi in fase di cantiere hanno portato alla luce reperti architettonici di epoca romana che sono stati restaurati e resi visibili.
Nel progetto degli affacci su strada e sulla corte interna, ha rivestito particolare rilevanza lo studio del landscape design, in cui il verde, presente sia nei terrazzi su via Rovello, sia in quelli della corte interna (dove assume il carattere di un giardino pensile), rappresenta una caratteristica uniformante. Negli affacci sulla corte privata, alla ricchezza della vegetazione fanno da contrappunto aiuole in corten e lesene metalliche.
Il progetto è improntato secondo standard tesi a garantire una qualità abitativa elevata che comprendono l'utilizzo di materiali a basso impatto ambientale, limitati consumi energetici, utilizzo di energia da fonti rinnovabili, abbattimento dei campi elettromagnetici.

This residential complex is located just a short distance from the Sforzesco Castle and from Via Dante in a diversified context, where most of the buildings date from the 18th and 19th centuries; it is in juxtaposition with the sites adjacent to Palazzo Cagnola and a complex, built after the war by Figini and Pollini, who preserved and developed the centuries old trees with great sensitivity.
The project is composed of two buildings; the lower structure is situated in Via Rovello and is the same height as the adjacent buildings. An internal courtyard separates it from the second, taller block.
The external street-front facade features alternating colour contrasts between the large glazed loggias which are partially screened to provide adequate privacy, and the sections with a plaster or stone finish.
Excavation work on the construction site revealed architectural remains from Roman times which have been restored and displayed.
The architects paid particular attention to the landscape design, both on the street-front facade and in the internal courtyard; the planting in the loggias overlooking Via Rovello emphasises the coherence with the hanging gardens on the internal courtyard terraces. The lush planting along the private courtyard facades is in contrast with the Corten flower beds and metal pilasters.
The project is based on strict standards designed to guarantee a high quality of living, that include the use of low environmental impact materials, low energy consumption, energy from renewable sources and abatement of electromagnetic fields.

Fronte d'ingresso
visto da via Pozzone.

Entrance facade seen
from Via Pozzone.

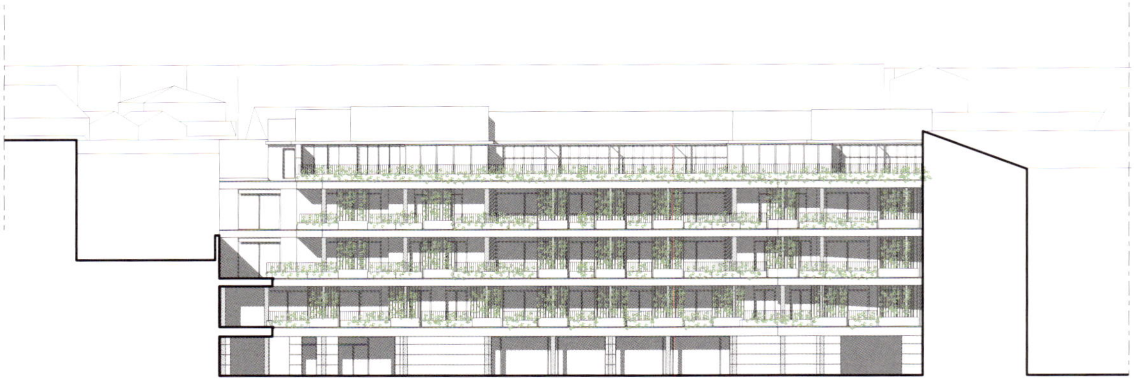

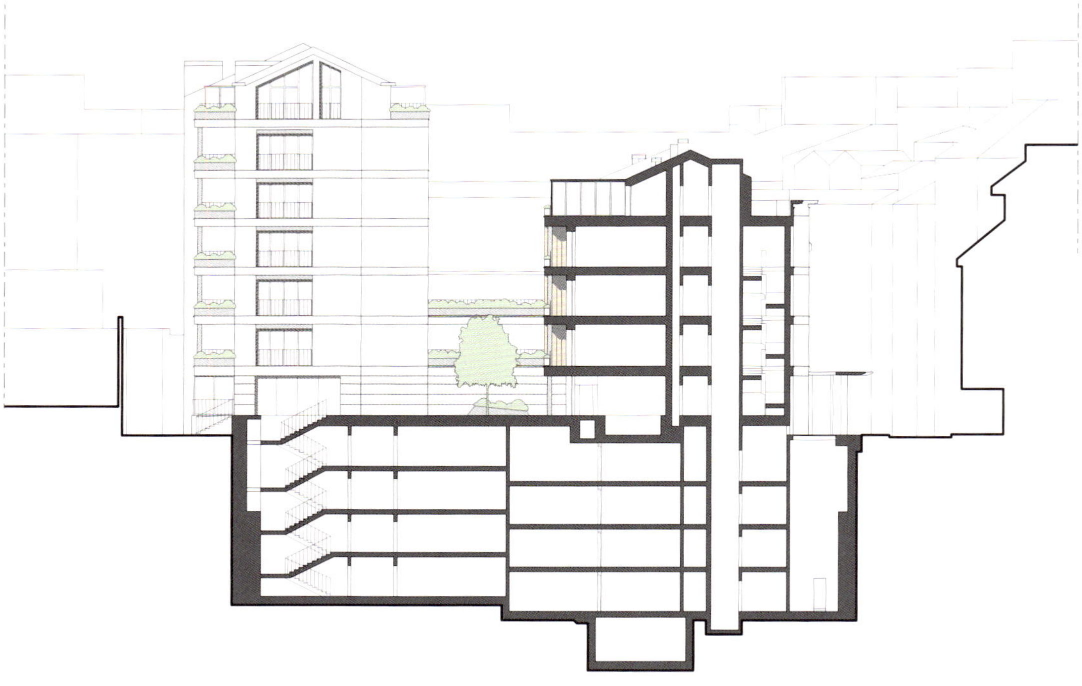

0 2 5 10 m

In alto: inserimento urbano del fronte principale e prospetto interno.
In basso: sezione trasversale.

Top: urban integration of the main and internal facades.
Below: cross section.

In alto: vista del fronte principale su via Rovello. In basso: i loggiati verdi del fronte sul giardino interno.

Top: view of main facade in Via Rovello. Below: green planted loggias on internal garden facade.

In alto: veduta dell'edificio nel contesto urbano. Nella pagina a fianco: vista interna dei terrazzi sul giardino della corte.

Top: view of building in urban context. Opposite page: internal view of terraces overlooking courtyard garden.

L'intervento, posto all'angolo tra viale Papiniano e via Mangone, si propone di ricucire l'isolato con un progetto di qualità che contribuisce al generale decoro dell'area.
Elemento caratterizzante è la soluzione d'angolo dell'edificio, e più in generale dell'attacco a terra, definito nel suo carattere dall'ampio atrio di ingresso a doppia altezza. Quest'ultimo, oltre alla funzione di rappresentanza appropriata al livello dell'immobile, costituisce un diaframma leggero che filtra e mette in collegamento visivo esterno e interno, consentendo la fruizione della corte-giardino anche da strada.
Il verde è del resto una presenza caratterizzante e unificante, a partire dalla corte e dagli affacci interni — quasi giardini pensili — ma anche nei fronti su strada, dove sottolinea il gioco chiaroscurale delle logge e la ritmica orizzontale dei marcapiani lapidei.
Il ruolo focale attribuito all'angolo dell'edificio, che diviene così un segno riconoscibile e di riferimento nel tessuto urbano, è confermato dall'effetto plastico cui perviene la configurazione delle logge, come una variazione nella partitura regolare dei fronti.
Nell'insieme, il progetto possiede un carattere contemporaneo, mentre la funzione di raccordo con il contesto e con le preesistenze è soprattutto affidata all'utilizzo di materiali tipici della tradizione moderna milanese.

This project, on the corner of Viale Papiniano and Via Mangone, was designed to close this urban block with a quality construction consistent with the general appearance of the area.
The outstanding feature is the corner solution, in particular, on the ground floor, composed of a large, double height entrance lobby. As well as its function as an entrance to reflect the luxury standards of this apartment building, it also consists of a light diaphragm to filter light and create a connection between the interior and exterior, providing access to the garden courtyard even from the street.
As always, the architects used landscaping and planting as a unifying feature in the courtyard and internal facade hanging gardens, as well as on the street-front facades where the greenery underscores the chiaroscuro effect created by the loggias and horizontal stone string-courses.
The important role played by the corner of the building, which is a recognisable reference point in the vicinity, is confirmed by the moulded effect that marks the loggia structures, as a variation to the regular grid composition of the main facades.
As a whole, the project has a contemporary style, while its function as a connection with existing buildings and the context in general is based, above all, on the use of typical materials used in the Milanese Modernist tradition.

Ingresso d'angolo su viale Papiniano. Corner entrance in Viale Papiniano.

**In alto: pianta del piano terra.
In basso: prospetto urbano
lungo via Mangone.**

Top: ground floor plan.
Below: front elevation of
the building in Via Mangone.

Veduta dal cortile-giardino interno.

View from internal courtyard garden.

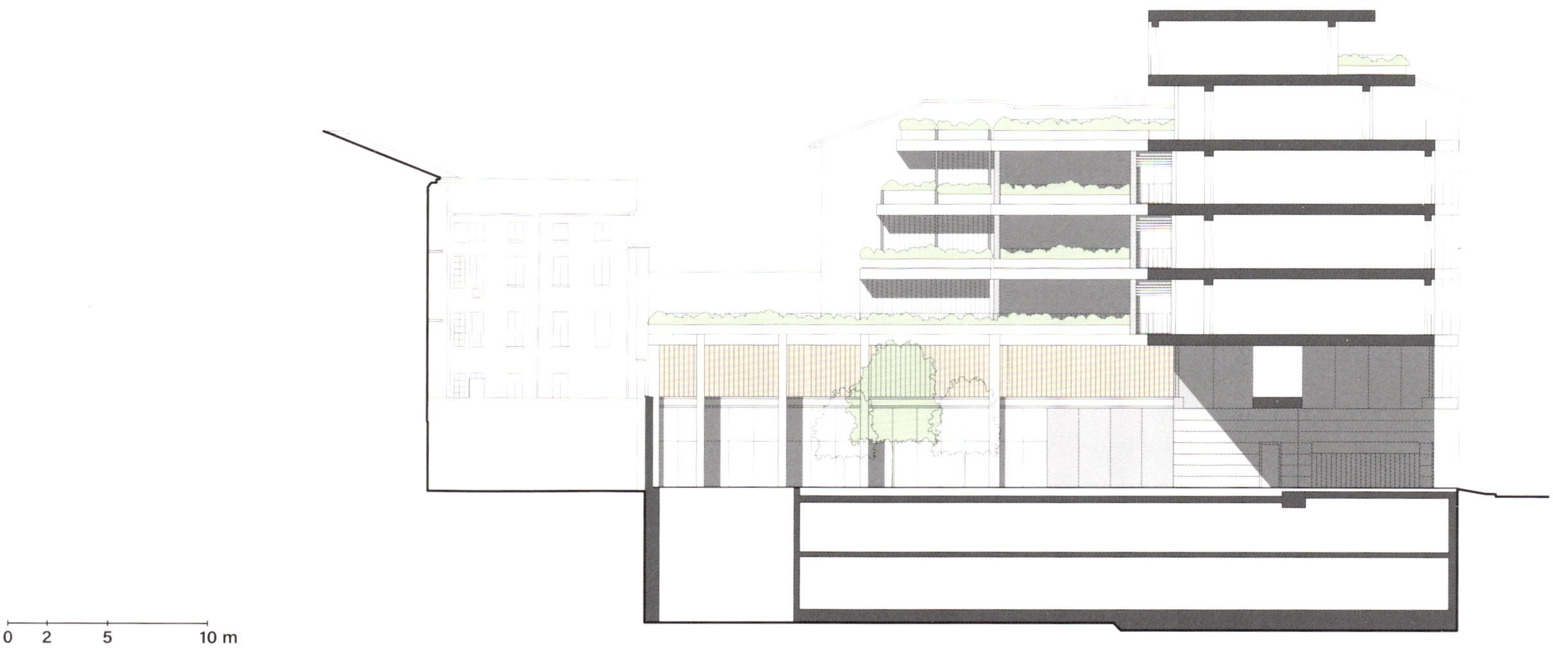

**In alto: vista degli interni in rapporto ai terrazzi dell'ultimo piano.
In basso: sezione trasversale sul cortile interno.**

Top: internal view with top floor terraces.
Below: cross section over the inner courtyard.

Gli spazi di soggiorno estesi verso l'esterno.

Living room space extended towards exterior.

L'intervento si colloca in una delle aree più dinamiche e in maggiore trasformazione della città, con la prevista rigenerazione dell'ex scalo di Porta Romana e in cui l'insediamento della Fondazione Prada è stato motore di un'intensa attività di riqualificazione, sia relativa a nuove costruzioni, sia di ristrutturazione di spazi industriali dismessi.
Il progetto del complesso residenziale è articolato da due elementi indipendenti e posti tra loro ortogonalmente: un basso corpo con affaccio su via Adamello e una torre di 16 piani posta centralmente al lotto.
Unico elemento di connessione tra i due corpi è il sistema di atrii e il percorso a pensilina: un volume coperto ma aperto in grado di accogliere la luce proveniente dall'alto.
Come in altri progetti dello studio — ad esempio il complesso di via dei Canzi — particolare attenzione è dedicata alla permeabilità visiva del piano terra, messo in stretta relazione con il verde del giardino privato e che, grazie alla sua maggiore altezza, favorisce la permeabilità stessa.
Anche nel prospetto su via Adamello gli ampi ingressi del piano terra hanno la stessa finalità di consentire la leggibilità del verde privato e di connetterlo al verde pubblico. Nello stesso fronte, la vegetazione svolge inoltre una funzione architettonica, a sottolineare lo sviluppo orizzontale della facciata.
Il progetto del giardino è caratterizzato da geometrie articolate che hanno come fulcro la torre, intorno alla quale ruota il disegno del verde.
Di particolare valore è l'articolazione dei prospetti, volta a esplicitare le differenze formali tra i due corpi e a ricercare una certa libertà compositiva, pur rimanendo fedele a quell'idea di continuità con il contesto che è direttrice fondamentale dello studio.
Il carattere unitario del complesso è realizzato attraverso la scelta di materiali e di elementi comuni, quali le sottolineature orizzontali dei marcapiani e l'alternanza di pannelli verticali e finestre a tutta altezza che nel fronte su via Adamello assume una connotazione chiaroscurale.
Qui i riferimenti dichiarati sono la torre al Parco di Vico Magistretti e l'edificio residenziale in via Quadronno di Angelo Mangiarotti, tra i maggiori esempi del Razionalismo milanese.

This project is situated in one of the most dynamic areas of Milan currently undergoing vast transformation including the reconstruction of the former Porta Romana rail-yards; the presence of the Prada Foundation was a driving force behind some of the ambitious redevelopment projects, partly involving new construction, but also the complete renovation of vacated industrial spaces.
This residential complex is composed of two separate buildings arranged at right angles to one another. The lower building facade runs along Via Adamello, while the 16 storey tower is positioned behind it in the centre of the site.
The only element that connects the two buildings is a system of atriums and a covered walkway that crosses the site. It gives shelter but is open to provide light from above.
Like many other Arassociati projects, such as the residential complex in Via dei Canzi — special attention is always paid to visual access on the ground floor level closely integrated with the private landscaped gardens. In this project, visibility is achieved through the higher, ground floor level.
The large ground-floor entrances in the front facade on Via Adamello are also designed to provide views of the private gardens and create a link with the public green spaces. Balcony planting on the street facade also acts as an architectural element, underlining the horizontal lines of the facade.
The landscaping features geometrical planting designed to focus around the tower building.
The positioning of the facades is designed to underline the architectural difference between the two structures, creating a certain compositional freedom, while maintaining the continuous alignment with the surrounding context, always a major element applied by the architects.
The unifying aspect of the complex relies on the choice of common materials and elements such as the strongly accented horizontal string courses and the alternating full height panels and windows that create a chiaroscuro effect on the Via Adamello facade.
This design was inspired by the tower building in Parco di Vico Magistretti, by Magistretti, and the apartment building in Via Quadronno by Angelo Mangiarotti, which were two of the principle examples of Milanese Rationalist architecture.

Vista del complesso
da via Adamello.

View of the complex
from Via Adamello.

Ingresso principale dell'edificio. Building's main entrance.

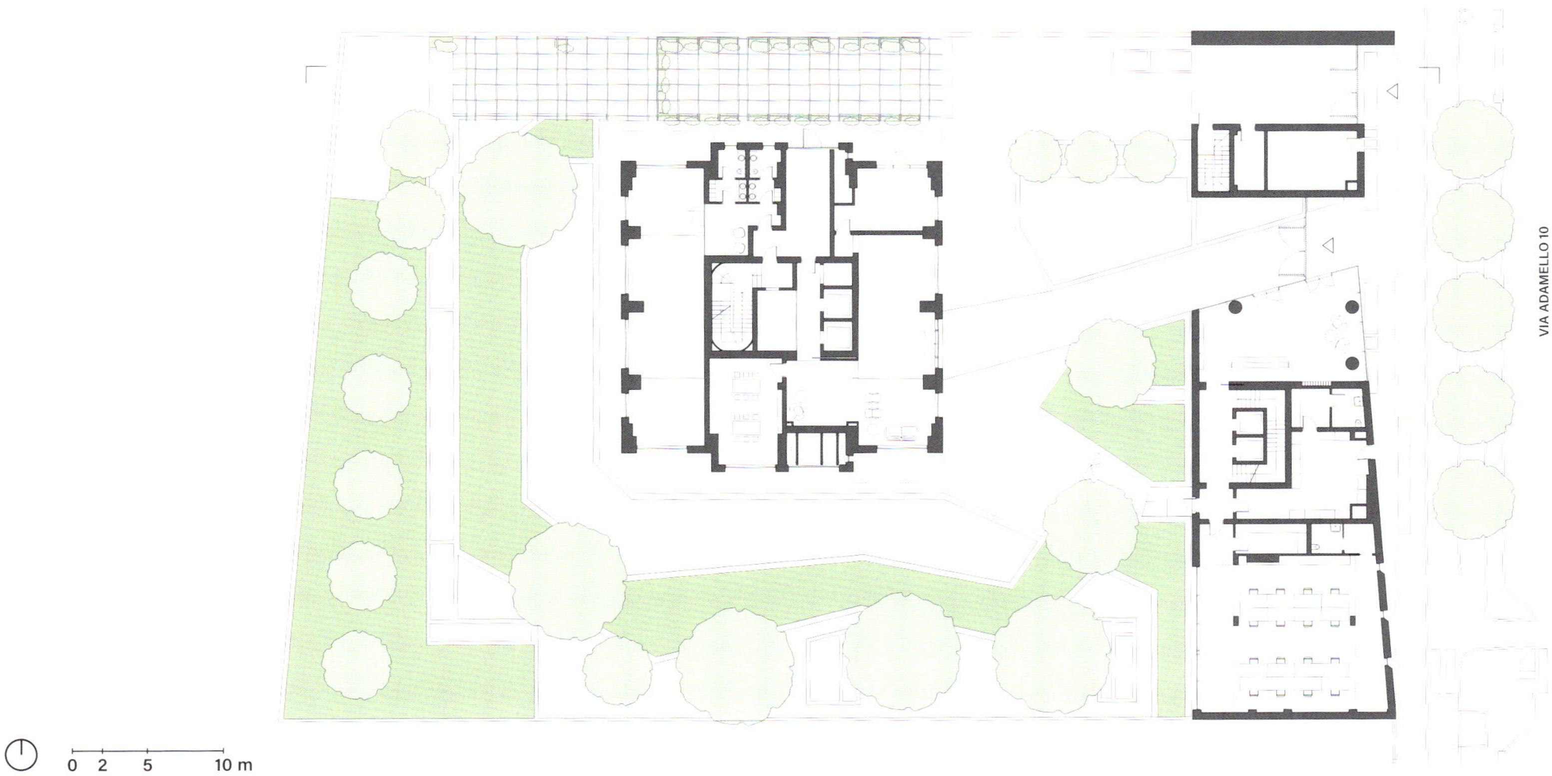

In alto: interno dell'atrio della torre. In basso: planimetria generale e sistema dei giardini.

Top: interior of tower lobby. Below: general layout and garden landscaping.

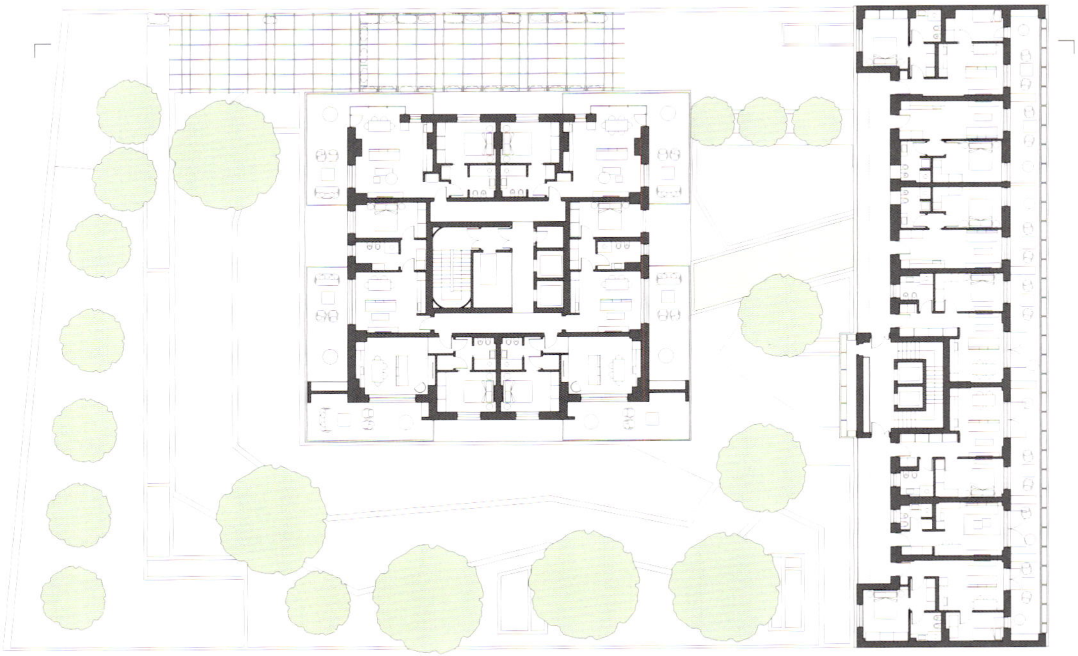

In alto: pianta del
secondo piano.
In basso: sezione
trasversale lungo il giardino.

Top: second floor layout.
Below: cross section of the garden.

**In alto: gli spazi di soggiorno in rapporto con l'esterno.
In basso: centralità e varietà degli spazi di soggiorno.**

Top: living room space connected with exterior.
Below: central living room space and other aspects.

Caratterizzazione delle logge come stanze all'aperto.

Loggia spaces designed for outdoor living.

Scorcio dei loggiati della torre verso Fondazione Prada e il centro città.

Glimpse of the tower loggias with Prada Foundation and city centre views.

Nelle pagine precedenti: l'area fitness della torre in rapporto al giardino interno. In alto: il fronte pubblico visto dal parco antistante.

Previous pages: tower fitness area and internal garden view. Top: public facade seen from park opposite.

Il complesso residenziale di via dei Canzi si inserisce nell'area adiacente all'ex scalo ferroviario di Lambrate, occupata sino alla fine del secolo scorso da importanti stabilimenti industriali e oggetto negli ultimi decenni di un'estesa riqualificazione che, così come in altre aree periferiche della città, sta delineando il volto contemporaneo di Milano.
Il progetto residenziale si insedia all'interno del masterplan dell'area ex De Nora, tra le vie Gaetano Crespi, San Faustino e dei Canzi, un nuovo comparto di rigenerazione urbana che si relaziona con il previsto parco Rotaie Verdi, volto a trasformare gli scali milanesi dismessi in oasi cittadine.
In coerenza con questo contesto, il progetto di via dei Canzi prevede la realizzazione di quattro torri di nove piani, oltre a due piani interrati, connesse da un percorso coperto di collegamento e da tre corti, in stretta relazione con il verde circostante.
Tale relazione è ottenuta attraverso una dinamica articolazione delle facciate che consente di ottenere una varietà di affacci che favorisce la penetrazione della luce e la qualità degli scorci, sia verso l'interno che verso l'esterno.
Ulteriore elemento caratterizzante è il luminoso piano terra vetrato, aperto verso le corti e verso il parco, che ospita l'atrio di ingresso e i servizi comuni propri dei nuovi standard abitativi, quali palestra e sale riunioni ad uso dei condomini.
Nel complesso il progetto di via dei Canzi offre una elevata qualità dell'abitare, contribuendo a creare un comparto verde di elevata sostenibilità e valore ambientale. Lo studio portato avanti con costanza da Arassociati alla ricerca di un'integrazione tra architettura e progetto del verde trova qui una riuscita espressione nello stretto rapporto con l'esterno e nel ruolo giocato dalle ampie logge piantumate.

The residential complex in Via dei Canzi is located in the areas adjacent to the former Lambrate rail yards; the site previously housed large industrial plants until the end of the 20th century, and in the past two decades has been the object of a vast redevelopment scheme which, like other peripheral areas, is part of the new contemporary face of Milan.
This project is part of the master plan to rehabilitate the former De Nora area, between Via Gaetano Crespi, Via San Faustino and Via dei Canzi, a new urban redevelopment plan to include the future 'Rotaie Verdi' park, which will transform the former Milanese rail yards into green oases in the city centre.
In this context, the Via dei Canzi project will include four residential buildings (nine floors above ground and two underground), connected by a covered walkway and three courtyards integrated with the surrounding green landscaping.
This incorporation was achieved by studying the position of the facades to obtain different panoramas and variations in balcony and terrace exposure, and to maximise daylight and views, both indoors and out.
Another outstanding element is the airy, glass-walled ground floor, open towards the courtyard and the park. It houses the entrance atrium and the communal services now required in quality residential complexes: fitness gym, and meeting spaces for the exclusive use of the residents.
The Via dei Canzi project offers superb lifestyle quality, and contributes towards a valuable green space with high sustainability for the surrounding environment. For years, Arassociati has been carrying out constant research into incorporating green spaces and landscaping in architecture. A successful example of this approach can be seen in this project where the landscaping forms a close link with the large green planted terraces.

Vista dal parco della torre sud.

View of park from South Tower.

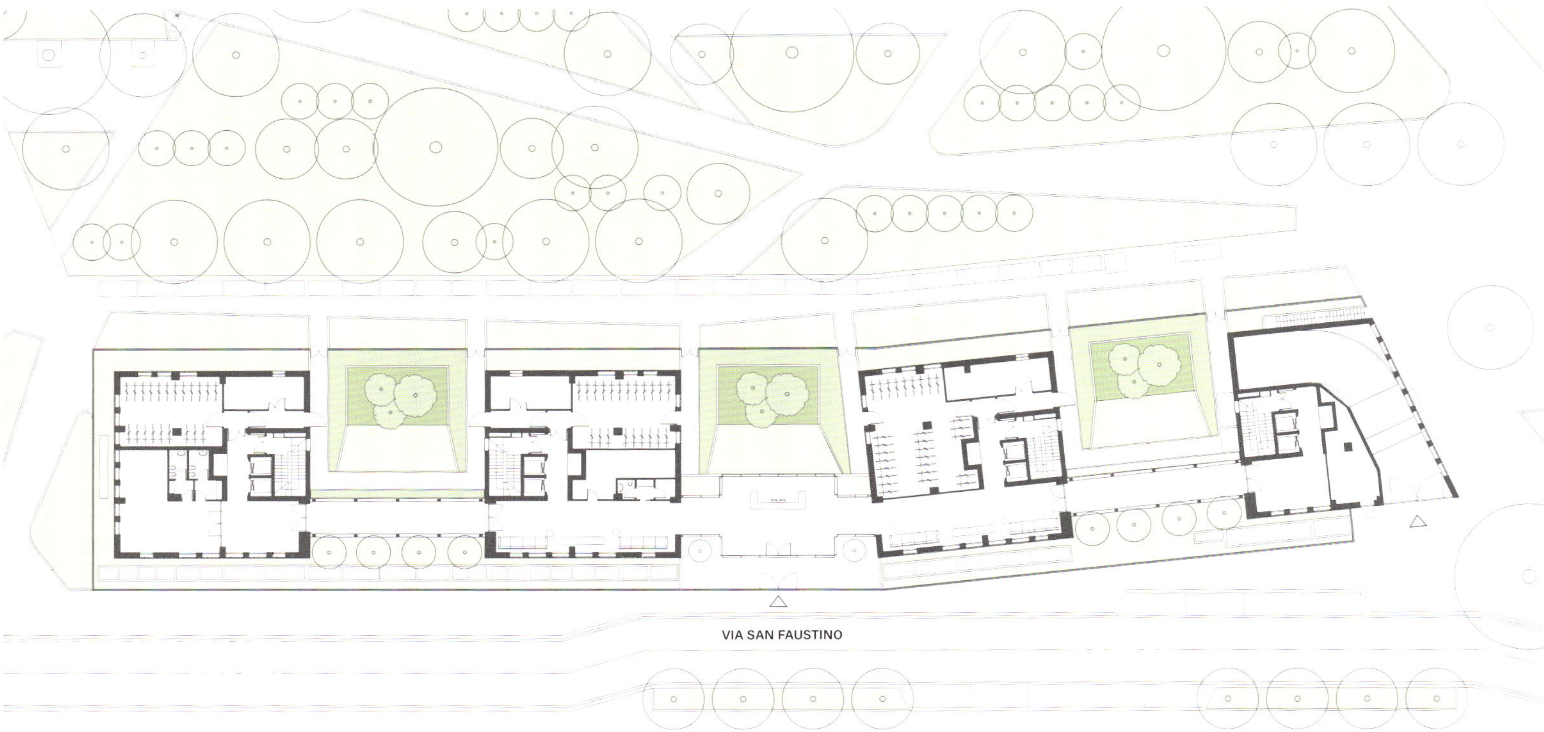

In alto: vista panoramica verso il centro città.
In basso: planimetria generale del complesso.

Top: panoramic view towards city centre.
Below: general layout of the complex.

In alto: l'atrio principale e gli spazi di collegamento. In basso: prospetto su via San Faustino.

Top: main lobby and connecting spaces. Below: front elevation of the complex in Via San Faustino.

Gli edifici si innestano nel parco pubblico e si confrontano con la città.

Buildings integrated with the public park in a dialogue with the city.

Nato da una idea di Stefano Boeri, il progetto di Stefano Boeri Architetti e Arassociati, con la progettazione paesaggistica di AG&P greenscape, si colloca in un'ex area industriale con affacci su via San Cristoforo e sul futuro parco lineare derivante dalla dismissione della ferrovia, che congiungerà Porta Genova al Naviglio Grande.
Si tratta di un ambito in fase di trasformazione, idealmente collegato al quartiere del design di zona Tortona. L'area di intervento si trova nei pressi di alcune emergenze di pregio ambientale e storico, in primis il Naviglio Grande e l'antica chiesa di San Cristoforo, oltre alla cascina Campagnola e alla Canottieri San Cristoforo.
A differenza di buona parte degli interventi presentati in questo volume, il progetto si situa al di fuori dell'area storica della città e costituisce, per questi motivi, l'occasione per i progettisti di esprimersi in un contesto libero da molti vincoli, focalizzandosi su temi tipicamente contemporanei.
L'edificio si insedia infatti in uno spazio aperto caratterizzato da una forte presenza di verde ed è votato a un'importante efficienza energetica.
In questo contesto, esso si trova inoltre a giocare un ruolo cardine nel passaggio dal tessuto fittamente edificato della città a uno spazio più aperto e frammentato, in cui il verde costituisce l'elemento unificante.
Il progetto residenziale prevede la realizzazione di un edificio a corte capace di garantire la necessaria privacy e riservatezza, pur mantenendo una stretta relazione con il contesto circostante. Istanze queste da cui deriva il diverso trattamento dei prospetti sulla corte interna e di quelli rivolti verso lo spazio urbano.
I primi sono infatti connotati da una trama di logge e, dunque, di vuoti che scavano le facciate, mentre i fronti esterni si configurano secondo la ritmica irregolare di balconi fittamente piantumati, anche da alberi ad alto fusto utilizzati come barriera acustica e contro l'inquinamento atmosferico.
Il volume architettonico ha un andamento a spirale ascendente, in cui i fronti su via San Cristoforo e sul futuro parco lineare si chiudono progressivamente su se stessi, dando luogo alla corte interna e sfruttando la progressiva variazione delle altezze per realizzate una serie di terrazzi piantumati degradanti e in stretto dialogo con il verde circostante. Un sistema questo che rappresenta l'esito di una ricerca volta all'innovazione, sia dal punto di vista ambientale e di sostenibilità, sia come risposta alle

Inspired by an idea by Stefano Boeri and with a landscape design by AG&P greenscape, the project by Stefano Boeri Architetti and Arassociati is located in an ex-industrial area overlooking via San Cristoforo and the future railway line park due to the closure of the railway system. The line park will link Porta Genova with the Naviglio Grande canal.
This zone is undergoing vast transformation, and is conveniently connected to the Zona Tortona Design District.
The area includes historical and environmental heritage sites needing urgent protection; the Naviglio Grande canals and the ancient church of San Cristoforo, the cascina Campagnola farmhouse and the Canottieri San Cristoforo canoe club headquarters.
Unlike many of the projects featured in this book, this intervention is located outside the historical city centre, and has therefore provided the architects with the opportunity to express its ideas in a context free of many of the usual restrictions, to focus completely on contemporary perspectives.
The building is situated in an open environment surrounded by green woodland and the project will be strongly focussed on energy efficiency.
In this context, it will also play a crucial role in connecting the densely constructed urban fabric with an open, irregular space where trees and landscaping form the unifying element.
The residential project is composed of apartment buildings around a central courtyard to guarantee necessary privacy and seclusion, while maintaining a close connection with the surrounding context. This explains the difference in facade design on the sides facing in towards the courtyard or out towards the urban space.
The internal facades are composed of recessed loggias, while the external facades feature an irregular arrangement of densely planted balconies, including tall trees that act as an acoustic barrier and help abate atmospheric pollution.
The architectural design is based on a rising spiral, where the facades overlooking Via San Cristoforo and the future railway line park gradually curve inwards to form the internal courtyard, taking advantage of the progressive variation in height to create a descending series of planted terraces in close harmony with the surrounding landscape.
This system is the result of innovative research for environmental protection and sustainability, as an answer to "post pandemic" living requirements because of the need for open spaces and accessible green areas.
From an environmental viewpoint, the incorporated solutions provide pollution abatement, and solar panels have been integrated into the entrance roofing.

I terrazzi e i giardini pensili verso il parco e i Navigli.

Terraces and gardens facing the park and Navigli canals.

necessità abitative "post-pandemia", che hanno messo in luce un nuovo bisogno di spazi aperti e verdi fruibili. Dal punto di vista ambientale, le soluzioni adottate consentono un notevole abbattimento delle emissioni e l'inserimento di pannelli fotovoltaici integrati nella copertura della tettoia di ingresso. Quest'ultima, a doppia altezza e parzialmente chiusa per ospitare la portineria, definisce e caratterizza la forma della corte interna.
Il vasto progetto delle aree verdi che circondano l'edificio contribuisce in modo incisivo alla riqualificazione urbana della zona, arrivando grazie a opere accessorie anche alla risistemazione del verde in piazzale delle Milizie e alla conversione, sempre a spazio verde, della vicina ricicleria comunale.
Un'attenzione particolare è stata inoltre dedicata alla presenza di un grande olmo solitario, intorno al quale si è deciso di imperniare la riqualificazione di via San Cristoforo.

The entrance is double height and partly enclosed to house the guardian's quarters. It defines and determines the form of the internal courtyard.
The vast woodland project surrounding the building makes a strong contribution to the local urban redevelopment scheme; other projects associated with the tree planting interventions include new garden landscaping in Piazzale delle Milizie, and the transformation of the former municipal recycling centre into a green space. Special attention was paid to the presence of a large solitary elm tree which has become the focal centre for the redevelopment of Via San Cristoforo.

Vista aerea dell'edificio inserito nel contesto.

Arial view of the integrated building.

In alto: Il fronte sud dell'edificio digrada verso il borgo di San Cristoforo. In basso: pianta del piano terra e sistema dei giardini.

Top: southern facade of the building sloping towards the borgo of San Cristoforo. Below: ground floor and garden layout.

In alto: i giardini privati delle townhouse al piano terra. In basso: sezione lungo la corte interna.

Top: townhouse private ground floor gardens. Below: cross section over the inner courtyard.

Gli spazi a doppia altezza delle townhouse rivolti ai giardini privati.

Townhouse double height spaces facing the private gardens.

L'ingresso con l'olmo storico e il grande fronte loggiato sulla corte centrale dell'edificio.

Entrance with historic elm tree and facade with loggias above the central courtyard.

Il nuovo progetto di via Conca del Naviglio si colloca in un'area eterogenea, in cui è possibile leggere un concentrato della storia della città. Il lato della via in cui sorgerà la nuova costruzione è infatti omogeneamente caratterizzato da una cortina, di realizzazione ottocentesca e, successivamente, moderna, la quale a sua volta affaccia, dal lato opposto, sul parco ospitante i resti dell'anfiteatro romano insieme alle superfetazioni medievali.
La stessa via, inoltre, nasce dalla copertura di uno snodo importante della rete dei navigli milanesi che fungeva da collegamento tra la cerchia interna e quella esterna.
In questo ricco contesto, il progetto della nuova costruzione prevede un inserimento rispettoso dell'insieme nella sua complessità, operando, limitatamente al fronte interno, una leggera modifica della sagoma del preesistente edificio, ma soprattutto tenendo conto di una necessaria coerenza di materiali, colori e caratteri stilistici, per la quale si attinge a quel vocabolario proprio dello studio che, come già detto, trova nel Moderno i riferimenti principali.
Le altezze, l'attacco alla cortina originale e il ruolo incisivo del fronte principale vengono così confermati, mentre una maggiore libertà di intervento trasforma la corte interna, precedentemente asfaltata e priva di una propria caratterizzazione, in uno spazio verde. E il verde, enfatizzato nel lastrico di coronamento e fruibile dalle balconate e dalle logge, è l'elemento cui viene anche affidato il ruolo di connessione con il parco archeologico che connota l'area circostante.
Il rapporto con quest'area è poi ulteriormente sviluppato grazie alle logge che scandiscono centralmente la facciata principale e divengono un vero e proprio ampliamento degli appartamenti, da cui godere della eccezionale vista sull'anfiteatro.

The new project in Via Conca del Naviglio is situated in a diversified area which could be considered an example of a condensed history of the city. The side of the street where the new building will be erected is composed of a continuous wall of 19th century and Modernist buildings, while on the opposite side of the street is a park with the remains of a Roman amphitheatre and several Medieval elements.
In fact, this street was built over one of the important intersections of the Milanese canal system used to connect the internal and external ring canals.
In this historically rich context, the new project will be integrated to be cohesive with all the surrounding buildings; the only modification to the shape of the existing building will be a slight change on the internal facade; however, all materials, colours and architectural style will reflect the Modernist period for coherence, a policy frequently adopted by the architects in urban contexts.
The structural height, the connection with the original adjacent buildings, and the important role played by the main facade have been confirmed, while greater freedom is permitted in the reconstruction of the internal courtyard, which was previously tar-sealed without any particular features. It will now be converted into a green space.
The green planting, accentuated on the roof facing and in the balconies and loggias, is the element that will connect the building with the archaeological park that dominates the surrounding area.
The relationship with the park will be developed even further through the loggias which will form the central element of the main facade, extending the apartments, and providing an exceptional view of the amphitheatre.

Vista dell'affaccio principale verso il parco archeologico.

View of main facade overlooking the archaeological park.

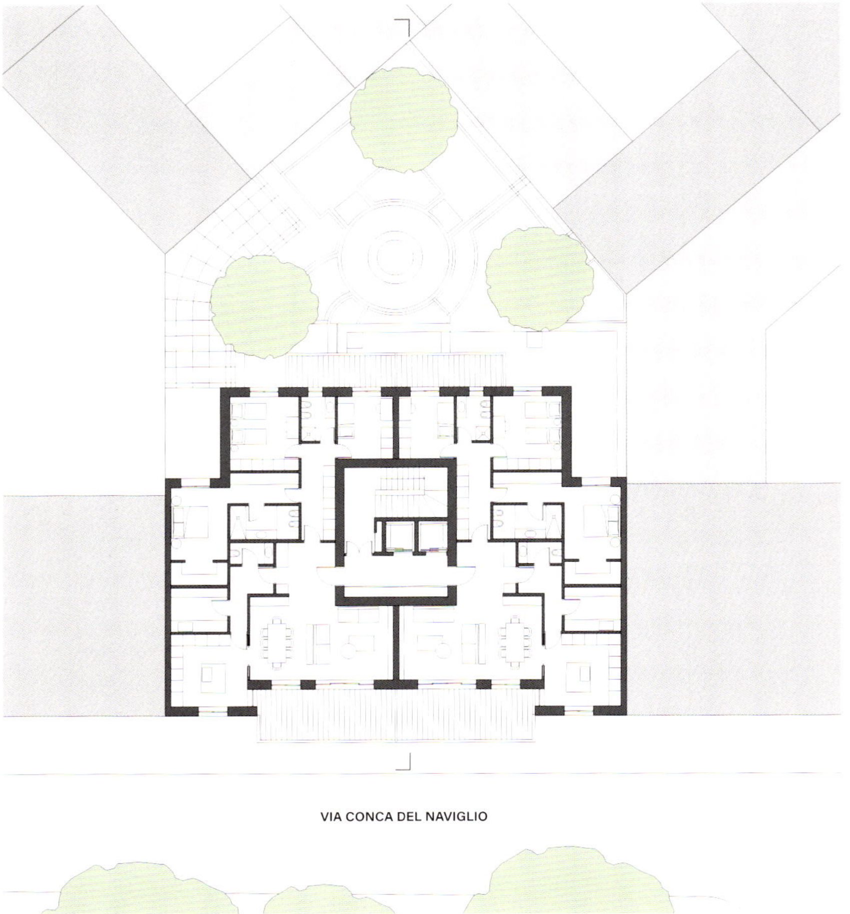

In alto: planimetria generale.
In basso: pianta del piano tipo.

Top: general layout.
Below: typical floor layout.

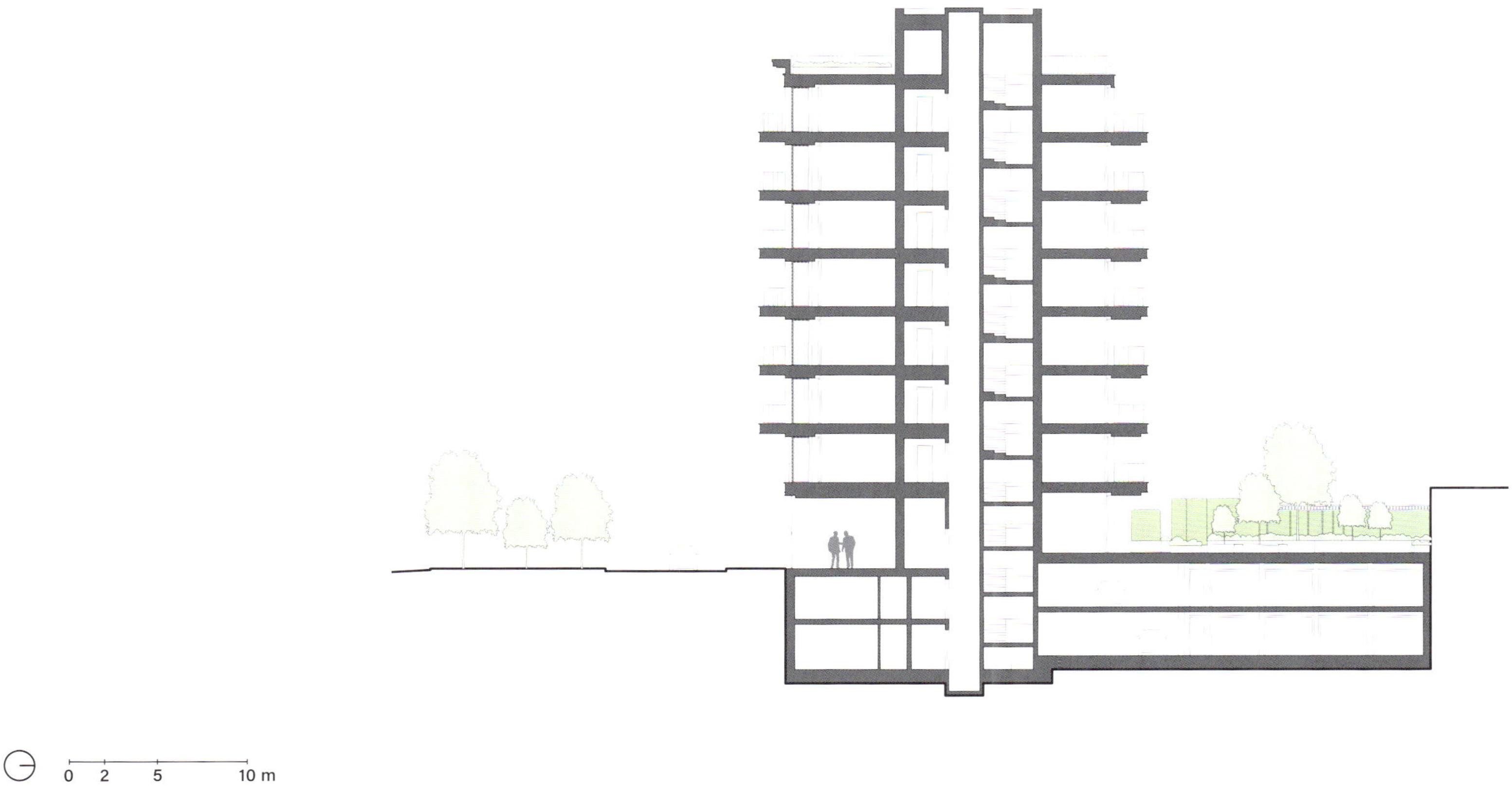

**In alto: fronte principale su via Conca del Naviglio e fronte interno all'isolato.
In basso: sezione trasversale.**

Top: main facade in Via Conca del Naviglio and urban block internal facade.
Below: cross section.

Sul sedime di un precedente immobile terziario, nel quartiere residenziale di San Siro, il progetto prevede la realizzazione di un edificio a uso abitativo, costituito da due corpi di sette piani ciascuno, uniti tra loro da un volume più basso, alto due piani. Il piano terra e quello rialzato ospitano la hall di ingresso e i servizi comuni oltre ad appartamenti con giardino, mentre dal primo piano sono collocate residenze e terrazzi.
L'atrio di ingresso accoglie una scalinata di collegamento che colma il dislivello rispetto al basamento seminterrato, su cui poggiano i giardini dell'edificio.
Se il basamento e i primi due livelli rispettano gli allineamenti alla strada pubblica, lo sviluppo dei successivi piani prevede una disposizione più libera, finalizzata ad ottenere una molteplicità di affacci attraverso un variabile sistema di logge, balconi e bow-window.
Tale sistema è, a sua volta, posto in connessione con il giardino, grazie all'utilizzo, come parte integrante del progetto stesso, del verde decorativo che, qui come in numerosi interventi dello studio, enfatizza lo sviluppo orizzontale dei marcapiani, contribuendo a una percezione di continuità dell'insieme.
La nitida composizione dei prospetti è chiaramente leggibile nella sua triplice organizzazione: un basamento su due piani rivestito in pietra grigia, cui si sovrappongono i piani superiori in intonaco color cotto, mentre il coronamento è alleggerito da un loggiato con colonne metalliche che rimandano agli elementi, anch'essi metallici, dei marcapiani, degli infissi e dei parapetti.

This project is constructed on the grounds of a former services building in the residential district of San Siro. It is an apartment complex composed of two seven storey blocks, connected by a lower two storey building. The ground floor and mezzanine house the entry lobby and communal services, while the first floor is occupied by apartments and terraces.
The entrance atrium has a connecting staircase to bridge the difference in height with the basement level roofed with planted gardens.
The basement and first two floors are in alignment with adjacent street-front facades, but the upper floors are less regular, with different facades featuring loggias, balconies and bow-windows.
To create a link with the landscaped garden, the balconies and terraces are planted with greenery as an integrated part of the architecture. This is an aspect frequently adopted by the architects, and the horizontal planting accentuates the string-course lines to give a sense of continuity.
The clean design of the facades is easily seen in the triple composition: the two storey base is clad in grey stone, while the upper floors have a terracotta plaster finish. The top floor is lightened with a large pergola-like structure on metal columns that create a link with other metal elements like the string-courses, window frames, and terrace railings.

Fronte d'ingresso del palazzo.

Building entrance facade.

In alto: prospetto sulla via Newton e prospetto laterale sul giardino.
In basso: pianta del piano rialzato e del sistema dei giardini.

Top: front elevation of the building in Via Newton and side elevation over the garden. Below: raised floor and garden layout.

In alto: vista dalla via Guglielmo Ciardi. In basso: loggiati panoramici e spazi di soggiorno dell'ultimo piano.

Top: view from Via Guglielmo Ciardi. Below: loggias with panoramic views and top floor living spaces.

Realizzato a metà degli anni Trenta da Mario Cereghini, questo significativo esempio del Razionalismo milanese è rimasto per anni inutilizzato e in stato di abbandono.
Il progetto di recupero di prossima realizzazione prevede la trasformazione del manufatto in struttura ricettiva, adeguando gli spazi interni alla nuova destinazione d'uso e creando nuovi volumi che ospiteranno gli impianti e le necessarie strutture di sicurezza.
L'intervento sull'edificio è di tipo conservativo e rispetta il carattere originario del progetto pur delineando una proposta creativa, in cui i nuovi elementi risultano ben leggibili nel loro rapporto con la stratificazione storica del manufatto.
Si tratta dunque di un'operazione dichiaratamente collocabile in quell'ambito di "restauro critico e interpretativo", espressione tipica della cultura del restauro milanese, e più in generale italiana, che da sempre costituisce un riferimento dello studio.
Sotto questo aspetto risulta esemplare la scelta di conservare, in corrispondenza con la ex sala auditorium, un vuoto centrale che incorpora una parte della balconata del teatro, a memoria dell'originaria destinazione dell'immobile.
Una serie di volumi in addizione modificano la sagoma originaria dell'edificio e accolgono, tra l'altro, le necessarie scale di emergenza.
Parte di tali addizioni è rivestita con pannelli traforati color bronzo, dal disegno geometrico, che conferiscono una pelle uniforme ai nuovi volumi, così connotati e leggibili in quanto intervento contemporaneo.
Parte integrante del progetto è inoltre la ridefinizione e valorizzazione del giardino, che diventa un importante dehors per la struttura ricettiva.
Al piano terra, vengono conservati i due ingressi indipendenti, uno destinato a servire la lobby-reception, l'altro comunicante con il ristorante posto al piano inferiore.
Al piano terra — in cui trova anche collocazione un corpo ascensore direttamente connesso con una terrazza posizionata in copertura e utilizzabile per eventi — l'attraversamento della lobby e del corpo-auditorium conduce al grande giardino interno. Il vuoto centrale dell'ex sala svolge poi funzione distributiva ai piani primo e secondo, che sfruttano l'importante altezza del vuoto stesso, divenendo fulcro scenografico dell'intero progetto.

Designed and built in the mid 1930s by Mario Cereghini, this important example of Milanese Rationalist design remained vacant in a state of abandon for a long period after having been home to the renowned Milanese Cinema Arti for many years.
The restoration project will soon begin work on converting the building into a hotel. The internal layout will be redesigned for its new function, and new additions will be built to house technical services and necessary emergency exit structures. The edifice is a protected cultural heritage building, so all intervention will be focussed on conservation and respecting its original character. Any new elements introduced will be designed to maintain close and recognisable links with the historical layers of the building.
This project can be definitely classified as "critical and interpretative restoration", an expression typical of the Milanese, or Italian, restoration procedure in general, which Arassociati has always considered a fundamental aspect of its work. For this reason, the architects have decided to preserve a central void that incorporates a part of the theatre's balcony in the area of the ex-auditorium, to recall the building's original function.
As well as the internal reconstruction of the main building, and the facade restoration, as described above, several additional structures will modify the original contour of the building for technical purposes and to contain the emergency staircases. Parts of these additions are clad with bronze-coloured perforated panels in a geometrical design to give the new structures a homogeneous skin, while making them discernable as contemporary additions.
An integrated part of the project involves the redesigning and improvements to the garden which will become an important outdoor space for the hotel. Many historical trees have been preserved, and a decorative fountain, previously placed against a demolished boundary wall, has been repositioned.
On the ground floor, the two separate entrances of the former Cinema Arti will be preserved. One will give access to the reception lobby, and the other will lead to the restaurant located on the lower floor, that is accessed by a new staircase. The ground floor will also house an elevator directly connected with a roof terrace for events. The route across the lobby and the ex-auditorium leads to a large indoor garden. The void in the centre of the former theatre forms the distribution system to the first and second floors.
This was achieved taking advantage of the vast height of the void area, which becomes a scenographic feature of the entire project.

Il grande spazio centrale della hall caratterizzato dalla valorizzazione della ex sala teatrale.

Large central foyer area featuring the focus on the ex-theatre auditorium.

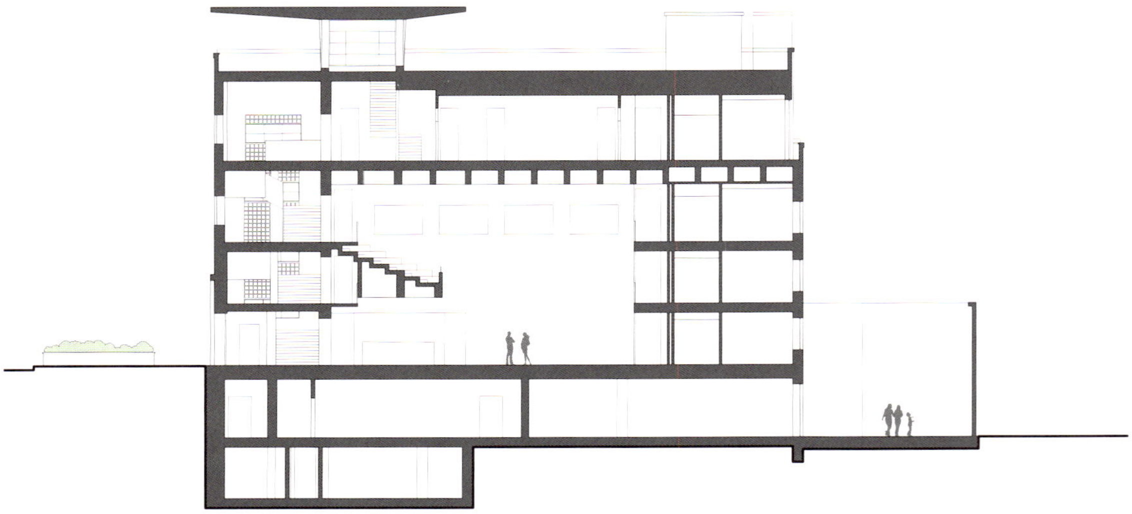

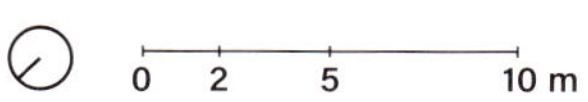

In alto: sezione longitudinale del corpo ex sala teatro di cui si conserva memoria nella hall. In basso: pianta del piano terra e del sistema di ingressi alle parti pubbliche del complesso.

Top: lengthwise cross section of the ex-theatre auditorium recalled in the foyer decor. Below: ground floor layout and entrance systems for access to public areas.

Vista da via Mascagni con il nuovo volume sul giardino.

View from Via Mascagni with new structure over the garden.

Nel primo hinterland milanese, la realizzazione del nuovo teatro di Rho rappresenta un'operazione di significativa valenza civica e sociale, rivolta non solo alla cittadina ma, in senso più ampio, all'intero bacino di utenza lombardo e destinata a soddisfare molteplici bisogni culturali.
Coerentemente a tale vocazione, il progetto mira dal punto di vista programmatico alla massima flessibilità di utilizzo della struttura e dei suoi spazi, concepiti per offrire una notevole variabilità di configurazioni e per rispondere in tal modo alle più diverse esigenze funzionali, facendo del teatro un fulcro per la vita culturale e sociale del territorio.
Date queste premesse, l'inserimento del teatro a livello urbanistico, nell'ambito del piano di recupero dell'ex area Diana de Silva di cui esso è il centro, è volto a evidenziarne la presenza, connotata dalla pelle metallica e dalla trasparenza del vetro, come segno autonomo e riconoscibile che riorganizza il contesto adiacente, agendo sia sulla strada del Sempione, sia verso la nuova piazza pubblica di prossima realizzazione.
Il concept del progetto è stato pragmaticamente guidato dall'esigenza di realizzare un manufatto dai costi di manutenzione e gestione contenuti, capace di offrire, in luogo di un'impegnativa specializzazione, una molteplicità di utilizzi. Si è scelto così di creare una piccola macchina plasmabile in cui i differenti spazi pubblici — sala e foyer — possono accogliere mostre, spettacoli e convegni.
Particolare attenzione è stata perciò dedicata allo studio della sala principale e alla flessibilità di organizzazione dei suoi spazi, risolta in una duplice possibilità di configurazione: da un lato sala tradizionale con fronte scena classico e separazione dal pubblico, dall'altro una sala in cui la scena, integrata al pubblico, offre una maggiore vicinanza con gli spettatori.
Come accennato, lo stesso foyer a doppia altezza è stato pensato come spazio polivalente, articolato in una prima scenografica area di ingresso da cui si accede al piano inferiore. Qui il salone ospitante il bar e la biglietteria è destinato ad accogliere anche mostre ed eventi, grazie alla contiguità con la sala "ridotto", un ulteriore spazio concepito per spettacoli multimediali dalla capienza più contenuta rispetto alla sala "grande".

The construction of the new Rho theatre in the hinterland near Milan, represents an operation of considerable civic and social value. It is destined, not only for the town, but in a wider sense, for the entire Lombardy catchment area, designed to cater to multiple cultural demands.
Based on these requisites, the project has focussed on providing maximum flexibility; the use of the structure and its spaces are designed to offer a large variety of configurations in answer to a wide range of functional requirements, creating a theatre that represents the hub of cultural and social life.
Based on these aspects, the integration of the theatre in an urban setting, in the centre of the rehabilitation plan for the ex-Diana de Silva area, is aimed at emphasising its impact, with its metallic outer skin and transparent glass, as an autonomous and recognisable element that determines its surroundings. It creates an impact on the road towards Sempione, and towards the new public square soon to be constructed.
The project concept was pragmatically calculated to construct a building with contained maintenance and management costs, and instead of offering a structure with a limited specialised function, it was designed as a multi-purpose theatre.
The architects decided to create a small transformable complex where the various public spaces — main theatre and foyer, could be used for exhibitions, performances and events.
Special attention was paid to designing the main theatre and providing flexibility for the available space, resolved with the construction of a dual configuration: on one side, a traditional theatrical arrangement with a classical stage separated from the public, and on the other, a layout where the stage is integrated within the public seating, offering spectators far greater participation.
The double height entrance foyer was designed as a multifunction space; the initial scenographic entrance area provides access to the lower floor. Here the large area which houses a bar and the ticket office is also arranged to host exhibitions and events thanks to its proximity to the space smaller than the main theatre, for a limited public, designed for multimedia events.

Dettaglio del fronte d'ingresso con la grande vetrata che caratterizza il foyer.

Detail of entrance facade with glass wall featured in the foyer.

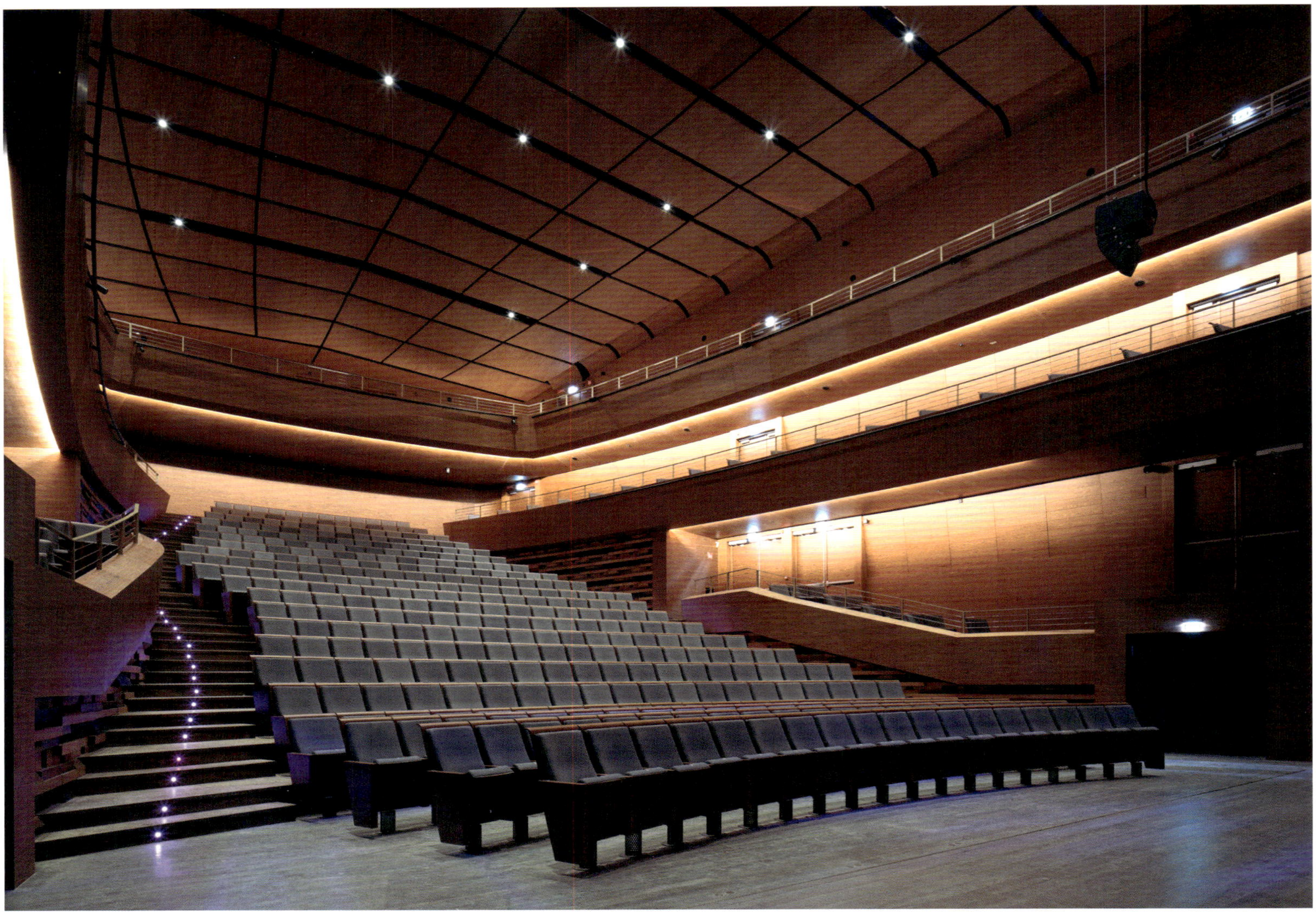

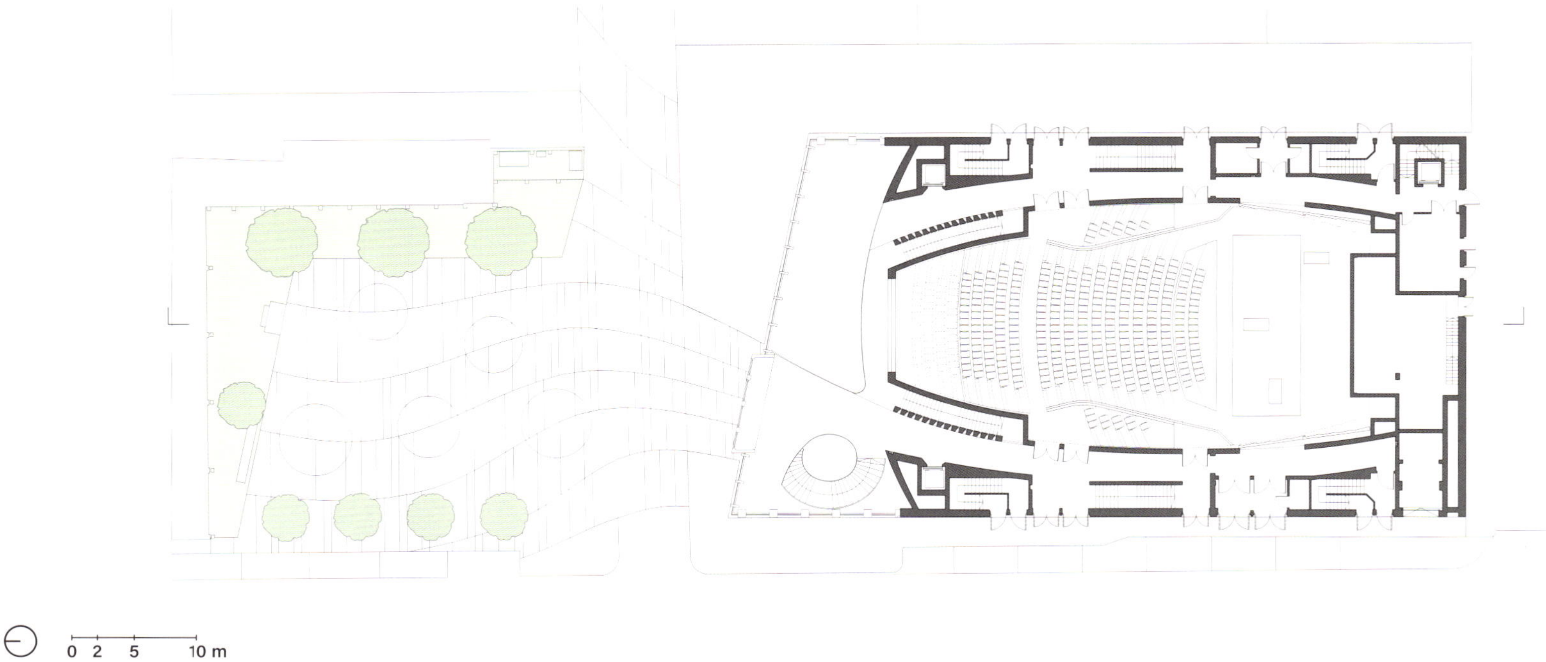

**In alto: la platea e le barcacce dal palcoscenico; le prime tre file nascondono la fossa mobile dell'orchestra.
In basso: pianta del piano terra e ingresso dalla nuova piazza.**

Top: the stalls and boxes from the stage; the first three rows conceal the mobile orchestra pit.
Below: ground floor layout and entrance from the new piazza.

**In alto: vista della scena fissa e del palcoscenico con gli ingressi laterali degli attori.
Nelle pagine sguenti: vista dell'auditorium dalla tribuna di fondo collegata alla prima balconata.**

Top: view of stage scenery and stage with the actors' side entrances.
Following pages: view of the auditorium from the gallery connected to the first balcony row.

Il soffitto e i rivestimenti acustici lignei dalla seconda balconata.

Ceiling and wooden acoustic cladding of the second balcony row.

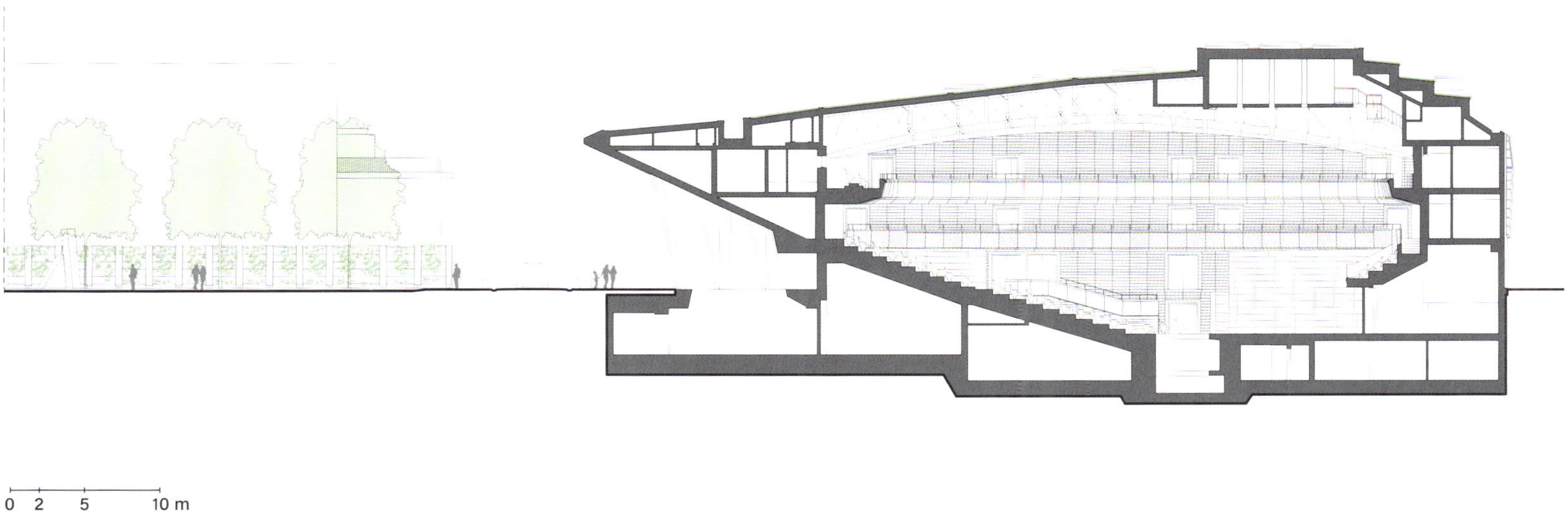

In alto: dettaglio della facciata laterale con le scale principali del pubblico in vista.
In basso: sezione longitudinale del teatro e della nuova piazza.

Top: detail of the side facade with visible main public staircases.
Below: lengthwise cross section of the theatre and the new piazza.

REGESTO
APPENDIX

BIOGRAFIA

Lo studio Arassociati è stato costituito nel 1997 da Marco Brandolisio, Giovanni da Pozzo, Massimo Scheurer e Michele Tadini, architetti che hanno iniziato a sviluppare la loro visione professionale nello studio di Aldo Rossi a partire dal 1982 divenendo poi i suoi principali collaboratori a Milano.

Fin dagli inizi Arassociati ha progettato e realizzato in ambito nazionale ed internazionale numerosi edifici sia ad uso pubblico, in particolare teatri e edifici espositivi, che privato, soprattutto approfondendo il tema residenziale e alberghiero. Costante della propria ricerca architettonica ad ogni modo è l'idea di continuità tra edificio e territorio/città aderendo ai principi razionali della costruzione ed innovazione.

Tra i vari riconoscimenti lo studio ha ricevuto nel 2004 il "Premio Internazionale di Architettura Teatrale" per la ricostruzione del Teatro La Fenice di Venezia, mentre nel 2008 è stato pubblicato il libro sulla realizzazione del Campus Tiscali e nel 2013 la monografia *Arassociati architetture*, entrambi editi da Electa; diversi altri progetti e scritti sono stati pubblicati su riviste di architettura e di settore. L'attività dello studio è stata testimoniata anche attraverso la partecipazione a mostre, convegni e concorsi internazionali.

Tra le principali realizzazioni: il recupero dell'ex Philips Site di Louven, l'albergo Starhotels Rosa Grand in piazza Fontana a Milano, il Campus Tiscali di Cagliari Sa Illetta, il recupero dei Chiostri del Carmine di Brescia a biblioteca universitaria, l'area Müller-Martini a Zurigo, il MAMbo – Museo d'Arte Moderna di Bologna, e la ristrutturazione con ampliamento del teatro TNP a Villeurbanne. Nell'ambito di Expo Milano 2015 inoltre lo studio ha realizzato il padiglione dell'Azerbaigian ed ultimato la ristrutturazione ed il nuovo interior design dell'hotel ME MILAN Il Duca a Milano.

Negli anni sono stati sviluppati nel centro storico di Milano, con particolare attenzione alla ricucitura urbana, anche i progetti residenziali di via Santa Maria alla Porta 7, di via Varese 19, di corso Garibaldi 95 e la ristrutturazione della Casa degli Artisti di Brera; mentre il tema della riqualificazione d'area viene testimoniato dalla costruzione dell'Hotel VIU Milan nel comparto di Porta Nuova e dalla realizzazione del nuovo Teatro civico Roberto de Silva nell'ex area Bracco di Rho (Milano). In ambito internazionale, dal 2016 è in corso di costruzione un importante intervento residenziale ed alberghiero a Canouan nei Caraibi (Grenadine) costruito in più fasi. Continuando l'esperienza teatrale, invece, è stata ultimata nel 2019 la ristrutturazione del Teatro Donizetti di Bergamo. Arassociati ha vinto nel 2018 in partnership con Stefano Boeri Architetti e AG&P il concorso per il complesso residenziale Bosconavigli sull'area San Cristoforo a Milano, innovativo intervento a scala urbana, attualmente in corso di realizzazione.

Negli ultimi anni lo studio è impegnato in vari nuovi interventi residenziali a Milano che consolidano sempre di più il legame con la città. Tra i più significativi: Porta Nuova Centro, Garibaldi 123, i complessi di via Varese 10, via Compagnoni 12, via Mangone 6, via Adamello 10, via Rovello 14-16 e via San Faustino 65 all'interno del Piano Particolareggiato di via dei Canzi; particolari temi sono la ricostruzione dell'isolato alle "cinque vie" con gli edifici d'angolo di via Zecca Vecchia e via Santa Marta, oltre alla riqualificazione ad uso alberghiero dell'ex Cinema Arti di via Mascagni.

BIOGRAPHY

The Arassociati firm was founded in 1997 by Marco Brandolisio, Giovanni da Pozzo, Massimo Scheurer and Michele Tadini, architects who began developing their professional vision working in the studio of Aldo Rossi from 1982, later becoming his main collaborators in Milan.

From its beginnings, Arassociati designed and realised a large number of public and private buildings in Italy and abroad, especially theatres and exhibition structures, and focussed strongly on residential homes and the hotel sector. They have remained faithful to their personal architectural style and the concept of continuity between the building and the city/territory, adhering to rationalist principles of construction and innovation. Among their many awards, in 2004 the firm won the "Premio Internazionale di Architettura Teatrale" for the reconstruction of the Teatro La Fenice in Venice. In 2008 a book was published on their Campus Tiscali project, and in 2013 a monograph, *Arassociati architetture*, both published by Electa; many other projects and articles have been featured in architectural magazines and other publications. The firm has also been recognised for its participation in international exhibitions, congresses, and competitions.

Its main projects include: the restoration of the ex-Philips Site in Louven, Starhotels Rosa Grand Hotel in Piazza Fontana in Milan, the Campus Tiscali in Cagliari Sa Illetta, the restoration of the Chiostri del Carmine in Brescia for a university library, the Müller-Martini area in Zurich, the MAMbo – Museo d'Arte Moderna in Bologna, and the reconstruction and extension of the TNP theatre in Villeurbanne. For Expo Milan 2015, the firm designed the Azerbaijan Pavilion and completed the reconstruction and new interior design of the ME MILAN Il Duca hotel in Milan.

In recent years they have focussed on projects in the historic centre of Milan, with special attention to urban "re-stitching", including the residential projects of Via Santa Maria alla Porta 7, Via Varese 19, Corso Garibaldi 95 and the restoration of the Casa degli Artisti in Brera; their redevelopment work can be seen in the construction of the Hotel VIU Milan in the Porta Nuova plan, and the construction of the new Roberto de Silva civic theatre in the ex-Bracco area in Rho (Milan).

The firm also works on international projects; since 2016 they have been building an important residential and hotel complex in several stages in Canouan in the Caribbean (Grenadine islands). Continuing their theatre design, the firm completed the restoration of the Teatro Donizetti in Bergamo in 2019.

In 2018, in partnership with Stefano Boeri Architetti and AG&P, Arassociati won the competition for the Bosconavigli residential complex in the San Cristoforo area in Milan, an innovative intervention on an urban scale that is currently under construction.

In recent years the firm has been involved in various residential projects in Milan, consolidating their bond with the city even further. These include: Porta Nuova Centro, Garibaldi 123, the Via Varese 10 complex, Via Compagnoni 12, Via Mangone 6, Via Adamello 10, Via Rovello 14-16 and Via San Faustino 65, part of the Detailed Plan for Via dei Canzi; further projects involve the reconstruction of the "cinque vie" urban block with the buildings on the corner of Via Zecca Vecchia and Via Santa Marta, as well as the conversion of the ex-Cinema Arti in via Mascagni as a hotel.

REGESTO DELLE OPERE /
LIST OF WORKS

↓
RESIDENZIALE / RESIDENTIAL

→ 1998-2003
VIA DEI CAPITELLI
Trieste
Residenze universitarie - Progetto URBAN / University residences - URBAN Project
Comune di Trieste
Con / With: Studio Bette e Trani
Collaboratori / Collaborators:
Romolo Calabrese, Federico Spagnulo

→ 1999-2007
TOMMASO DA CAZZANIGA
Milano
Complesso immobiliare per appartamenti / Apartment complex
Coop. Garibaldi s.r.l.
Collaboratori / Collaborators:
Michele De Vecchi, Pietro Porro

→ 2001-2002
VILLA CAGLIARI
Sardegna
Committente privato / Private client
Interior design: Andrea Truglio

→ 2003-2007
MÜLLER - MARTINI ALLREAL
Zürich - Schweiz
Complesso immobiliare per appartamenti / Apartment complex
Allreal Generalunternehmung AG - Zürich
Con / With: Arch. Mark Kocher
Collaboratori / Collaborators: Ilaria Brolo, Chiara Mangiarotti, Pietro Porro

→ 2005-2008
AREA FORNACE BOSSI
Cassano Magnago - Varese
Complesso immobiliare per appartamenti e ville / Development with apartments and villas
Impresa Bossi
Con / With: Ing. Edoardo Guenzani
Collaboratore / Collaborator:
Federica Marzoli

→ 2006-2011
SANTA MARIA ALLA PORTA 7
Milano
Complesso residenziale / Residential complex
Santa Maria S.r.l.- Federico Consolandi
Interior design: Antonella Tesei
Progetto paesaggistico / Landscape: Studio AG&P Milano
Collaboratore / Collaborator:
Pietro Porro

→ 2007
SANTA MARIA ALLA PORTA 9
Milano
Complesso residenziale / Residential complex
Società Edilizia SMP
Collaboratori / Collaborators:
Pietro Porro, Giovannino Casu, Paolo De Biase

→ 2007-2008
CORREGGIO 18
Milano
Complesso residenziale / Residential complex
Paros S.r.l.
Progetto paesaggistico / Landscape: Studio AG&P Milano
Collaboratore / Collaborator:
Gabriella Cricrì

→ 2007-2011
PORTA TENAGLIA 5
Milano
Complesso residenziale / Residential complex
Federico Consolandi
Con / With: Bianchi&Radaelli Architetti Associati
Collaboratore / Collaborator:
Giovannino Casu

→ 2009
VILLA A TUAREDDA
Sardegna
Ampliamento casa di villeggiatura / Holiday home extension
Committente privato / Private client
Progetto paesaggistico / Landscape: Marco Bay
Collaboratore / Collaborator:
Simona De Capitani

→ 2009
SAN CARPOFORO 10
Milano
Complesso residenziale / Residential complex
Federico Consolandi
Collaboratore / Collaborator:
Simona De Capitani

→ 2010-2015
VARESE 19
Milano
Complesso residenziale / Residential complex
Federico Consolandi
Progetto paesaggistico / Landscape: Studio AG&P Milano
Collaboratori / Collaborators:
Pietro Porro, Marco Gualandris, Nicolò Paolino

→ 2011-2015
SANZIO 15
Milano
Complesso residenziale / Residential complex
Case Moderne S.r.l.
Progetto paesaggistico / Landscape: Studio AG&P Milano
Collaboratori / Collaborators:
Gabriella Cricrì, Giuseppe Biscottini

→ 2011
VIALE ABRUZZO 410
Chieti Scalo
Complesso residenziale / Residential complex
Toto S.p.A.
Progetto paesaggistico / Landscape: Studio AG&P Milano
Collaboratori / Collaborators:
Gabriella Cricrì, Maurizio Fagiuoli

→ 2011
QUARTIERE ALER
Pieve Emanuele - Milano
Complesso immobiliare edilizia libera e sociale / Development with private and social housing
Infrastrutture Lombarde S.p.A.
Progetto paesaggistico / Landscape: spaces: Studio AG&P Milano
Collaboratore / Collaborator:
Francesca Romanò

→ 2012-2020
HABITARIA, CORSO GARIBALDI 95
Milano
Complesso residenziale / Residential complex
Garibaldi 95 S.r.l.
Progetto paesaggistico / Landscape: Studio AG&P Milano
Concept sviluppo: Federico Consolandi
Collaboratori / Collaborators:
Aldo Fontana, Francesca Romanò, Giulia Salvioni

→ 2013-2018
STADSHAVEN
Hasselt - Limburg - België
Complesso residenziale / Residential complex
Chataux Real Estate
Con / With: De Gregorio & Partners / and Arch. Andrea Leonardi
Collaboratore / Collaborator:
Simona De Capitani

→ 2015-2019
SEI VIA MANTEGNA
Milano

Complesso residenziale /
Residential complex
Sei Via Mantegna S.r.l.
Progetto paesaggistico / Landscape:
Studio AG&P Milano
Collaboratori / Collaborators:
Giulia Zambon, Giuseppe Biscottini

→ 2015
GORANI 10
Milano
Complesso residenziale /
Residential complex
Federico Consolandi
Collaboratore / Collaborator:
Simona De Capitani

→ 2016-2020
GARIBALDI 123
Milano
Complesso residenziale /
Residential complex
Federico Consolandi
Collaboratori / Collaborators:
Simona De Capitani, Giulia Salvioni

→ 2016
MOUNT ROYAL VILLA
Canouan - Saint Vincent
e Grenadine
Villa / Villa
Committente privato / Private client
Collaboratori / Collaborators:
Valeria Matteri, Andrea Piatti,
Sara Puglia, Giulio Ubini

→ 2016-2021
PORTA NUOVA CENTRO
Milano
Complesso residenziale /
Residential complex
Federico Consolandi
Progetto paesaggistico / Landscape:
Studio AG&P Milano
Collaboratori / Collaborators:
Francesca Romanò, Andrea Piatti

→ 2016-2019
SANT'AMBROGIO 4
Milano
Complesso residenziale /
Residential complex
Reale Immobili S.p.a.
Collaboratore / Collaborator:
Gabriella Cricrì

→ 2017-2021
SANZIO 39
Milano
Complesso residenziale /
Residential complex
RS1 S.r.l. - Federico Consolandi
Collaboratore / Collaborator:
Luca Lazzari

→ 2017-in progress
VARESE 10
Milano
Complesso residenziale /
Residential complex
V10 S.r.l. - Federico Consolandi
Progetto paesaggistico / Landscape:
Studio AG&P Milano
Collaboratori / Collaborators:
Elena Codazzi, Giulia Zambon

→ 2017
STONE VILLAS
Canouan - Saint Vincent e Grenadine
Ville / Villas
Committente privato / Private client
Collaboratori / Collaborators:
Valeria Matteri, Sara Puglia

→ 2017-in progress
PRESOLANA 6
Milano
Complesso residenziale /
Residential complex
Federico Consolandi
Collaboratori / Collaborators:
Andrea Piatti, Giulia Zambon

→ 2017-in progress
COMPAGNONI 12
Milano
Complesso residenziale /
Residential complex
Compagnoni 12 Real Estate S.r.l. -
Federico Consolandi
Progetto paesaggistico / Landscape:
Studio AG&P Milano
Collaboratori / Collaborators:
Andrea Piatti, Marco Gualandris

→ 2018-in progress
MANGONE 4
Milano
Complesso residenziale /
Residential complex
Mangone 4 S.r.l.
Progetto paesaggistico / Landscape:
Studio AG&P Milano
Collaboratori / Collaborators:
Simona de Capitani, Beatrice Ravicini
Bressi

→ 2018-in progress
CIARDI 9
Milano
Complesso residenziale /
Residential complex
Ciardi Sviluppo S.r.l.
Con / With: Studio Banfi e Pezzetta
Collaboratori / Collaborators:
Paolo De Biase, Annachiara Cattaneo

→ 2018-in progress
ROVELLO 14-16
Milano
Complesso residenziale /
Residential complex
Federico Consolandi
Progetto paesaggistico / Landscape:
Studio AG&P Milano
Collaboratore / Collaborator:
Francesca Romanò

→ 2018-in progress
SASSI 4
Milano
Complesso residenziale /
Residential complex
Sigiliz S.r.l.
Collaboratori / Collaborators:
Francesca Romanò, Elena Codazzi

→ 2019-in progress
AREA EX DE NORA - VIA DEI CANZI
Milano
Complesso residenziale /
Residential complex
Aroned 2001 S.r.l.
Progetto paesaggistico / Landscape:
Studio AG&P Milano
Collaboratori / Collaborators:
Francesca da Pozzo, Luca Lazzari,
Paolo de Biase

→ 2019-in progress
ADAMELLO 10
Milano
Complesso residenziale /
Residential complex
Adamello Real Estate S.r.l.
Progetto paesaggistico / Landscape:
Studio AG&P Milano
Collaboratori / Collaborators:
Simona de Capitani, Beatrice Ravicini
Bressi

→ 2020-in progress
BOSCONAVIGLI
Milano
Complesso residenziale /
Residential complex
Milano 5.0 S.r.l.
Da un'idea di Stefano Boeri /
Inspired by an idea by Stefano Boeri
Con / With: Stefano Boeri Architetti,
Stefano Boeri Interiors
Progetto paesaggistico / Landscape:
Studio AG&P Milano
Collaboratori / Collaborators:
Giulia Zambon, Francesca da Pozzo,
Marco Valario

→ 2020
MATTEOTTI 25-31
Sesto Calende - Varese
Complesso residenziale /
Residential complex
Enrico Colombo S.p.a.

Progetto paesaggistico / Landscape:
Studio AG&P Milano
Collaboratore / Collaborator:
Cecilia Bottoni

→ 2020-in progress
CONCA DEL NAVIGLIO 20
Milano
Complesso residenziale /
Residential complex
Conca del Naviglio Real Estate S.r.l.
Progetto paesaggistico / Landscape:
Studio AG&P Milano
Collaboratori / Collaborators: Simona
De Capitani, Francesca da Pozzo

→ 2021-in progress
ZECCA VECCHIA / SANTA MARTA
Milano
Complesso residenziale /
Residential complex
Federico Consolandi
Collaboratori / Collaborators:
Luca Lazzari, Giulia Spezia

→ 2021-in progress
VIVAIO 10
Milano
Complesso residenziale /
Residential complex
IN.SA.COM. S.r.l.
Collaboratori / Collaborators:
Francesca Romanò, Elena Codazzi

→ 2021-in progress
PASINETTI 4-8
Milano
Complesso residenziale /
Residential complex
Pasinetti S.r.l. - Federico Consolandi
Collaboratori / Collaborators:
Luca Lazzari, Cecilia Bottoni

→ 2021-in progress
RUGGERI
Milano
Complesso residenziale /
Residential complex
Beni Reali S.p.a.
con / with Archimi Studio S.r.l.
Progetto paesaggistico / Landscape:
Studio AG&P Milano
Collaboratori / Collaborators:
Simona De Capitani, Francesca
da Pozzo, Cecilia Bottoni

↓
TERZIARIO / RETAIL

→ 2000-2003
SEDE PROVINCIA DEL LIMBURG /
HEADQUARTERS OF THE PROVINCE
OF LIMBURG
Leuven - België
Uffici amministrativi al Philips Site /
Administrative offices on the Philips Site
Comune di / City of Leuven
Con / With: De Gregorio & Partners

→ 2000-2003
SEDE POLIZIA DEL LIMBURG /
POLICE HEADQUARTERS, LIMBURG
Leuven - België
Caserma e uffici amministrativi
al Philips Site / Barracks and
administrative offices on the Philips Site
Comune di / City of Leuven
Con / With: De Gregorio & Partners

→ 2000-2001
TISCALI
Milano
Uffici e call-center / Offices
and call-center
Tiscali S.p.A.

→ 2001-2007
CAMUZZI
via Marelli 6 - Milano
Uffici e laboratori / Offices
and laboratories
Camuzzi Gazometri S.p.A.- Milano
Con / With: Ing. Urbano Pierini e /
and Arch. Simona Pierini
Collaboratori / Collaborators:
Elena Stracchi, Pietro Porro

→ 2001-2001
STUDIO LEGALE / LAW FIRM
Via Andegari - Milano
Ristrutturazione e interior design /
Redevelopment and interior design
Studio Legale Lombardi-Pedersoli
Con / With: Arch. Umberto Piccini
Collaboratore / Collaborator:
Maria Pilo Di Boyl

→ 2002-2003
TISCALI CAMPUS
Cagliari
Uffici, sala congressi e web-farm /
Offices, conference hall
and web-farm
Tiscali S.p.A.
Collaboratori / Collaborators:
Claudio Masini, Chiara Mangiarotti,
Sara Sacerdoti

→ 2003-2007
MÜLLER-MARTINI ALLREAL
Zürich - Schweiz
Uffici amministrativi /
Administrative offices
Allreal Generalunternehmung AG
- Zürich
Con / With: Arch. Mark Kocher
Collaboratori / Collaborators:
Ilaria Brolo, Chiara Mangiarotti,
Pietro Porro

→ 2007-2008
BERTIERI 4
Milano
Ampliamento uffici e laboratori /
Office and laboratories extensions
Edillombarda S.p.A.
Progetto paesaggistico / Landscape:
Studio AG&P Milano
Collaboratore / Collaborator:
Simona De Capitani

→ 2008-2013
BENETTON EX UNION HOTEL
Pristina - Kosovo
Spazi commerciali e uffici /
Retail spaces and offices
Benetton Real Estate International
Collaboratori / Collaborators:
Francesca Romanò, Giulia Zambon

→ 2008-2013
BENETTON
Irkutsk - Siberia - Russia
Spazi commerciali e uffici in Ulitza
Uritskogo / Retail spaces
and offices in Ulitza Uritskogo
Real Estate Russia ZAO
Collaboratore / Collaborator:
Simona De Capitani

→ 2009
VIALE CERTOSA 144
Milano
Spazi commerciali e uffici /
Retail spaces and offices
SR3 Certosa S.r.l.
Progetto paesaggistico / Landscape:
Studio AG&P Milano
Collaboratore / Collaborator:
Maurizio Fagiuoli

→ 2009-2011
BENETTON
Ulan Bator - Mongolia
Spazi commerciali e uffici /
Retail spaces and offices
Benetton Real Estate International
International S.a.
Collaboratore / Collaborator:
Francesca Romanò

→ 2010
BENETTON
Taranto
Spazi commerciali e uffici in
corso Tommaso d'Aquino /
Retail spaces and offices in
corso Tommaso d'Aquino
Benetton Group
Collaboratore / Collaborator:
Francesca Romanò

→ 2010
CAMPUS TOTO
Viale Abruzzo – Chieti Scalo
Centro direzionale e amministrativo / Business and administrative district
Toto S.p.a.
Progetto paesaggistico / Landscape: Studio AG&P Milano
Collaboratore / Collaborator: Maurizio Fagiuoli

→ 2011
NUOVA SEDE TOTO GROUP / NEW HEAD OFFICE TOTO GROUP
Pescara
Centro Direzionale in via Passo Lanciano / Business district in via Passo Lanciano
Toto S.p.a.
Collaboratore / Collaborator: Maurizio Fagiuoli

→ 2012
FONDAZIONE HEYDAR ALIYEV / HEYDAR ALIYEV FOUNDATION
Baku – Azerbaijan
Uffici amministrativi di rappresentanza / Administrative and representative offices
Fondazione Heydar Aliyev
Con / With: Simmetrico Network e / and Studio AG&P Milano
Collaboratori / Collaborators: Francesca Romanò, Giulia Zambon

↓

RICETTIVO / ACCOMODATION

→ 2000-2009
STARHOTELS ROSA GRAND
Piazza Fontana – Milano
Nuova costruzione, ampliamento e interior design albergo / New construction, extension and interior design
Starhotels S.p.A.
Interior design con / with: Nicola Gallizia
Collaboratori / Collaborators: Giovannino Casu, Chiara Mangiarotti

→ 2006
ARZAGA GOLF CLUB
Carzago di Calvagese – Brescia
Nuovo padiglione clubhouse / New clubhouse pavilion
Arzaga Golf Club
Con / With: Studio Berlucchi

→ 2007
STARHOTELS SPLENDIDO
Milano
Riqualificazione architettonica albergo / Architectural upgrading of the hotel
Starhotels S.p.A.
Collaboratore / Collaborator: Simona De Capitani

→ 2008
MALFATANO RESORT
Teulada – Cagliari
Hotels e ville / Hotels and villas
S.I.T.A.S. S.r.l.
Con / With: Studio Sergi e / and Arch. Andrea Leonardi
Progetto paesaggio: Marco Bay
Collaboratori / Collaborators: Giovannino Casu, Francesca Romanò

→ 2010
PINK SAND CLUB
Canouan – Saint Vincent e Grenadine
Resort e ville / Resort and villas
CRD Holding
Con / With: Studio Berlucchi
Progetto paesaggistico / Landscape: Studio AG&P Milano
Collaboratori / Collaborators: Simona De Capitani, Maurizio Fagiuoli

→ 2013-2015
ME MILAN IL DUCA
Milano
Ristrutturazione, ampliamento e interior design albergo / Restructuring, extension and interior design
Reale Compagnia Italiana S.p.A.
Interior design con / with: Nicola Gallizia
Collaboratori / Collaborators: Giulia Zambon, Gabriella Cricrì

→ 2015
HILTON VENICE NORTH
Mogliano Veneto
Riorganizzazione zone pubbliche / Reorganization of the public space
Committente privato / Private client
Progetto paesaggistico / Landscape: Studio AG&P Milano
Collaboratore / Collaborator: Giulia Salvioni

→ 2014-2017
HOTEL VIU MILAN
Milano
Nuova costruzione e interior design albergo / New construction, and interior design
Immobiliare Porta Volta S.r.l. – Viscardi Hotels S.p.A.
Interior design con / with: Nicola Gallizia
Progetto paesaggistico / Landscape: Studio AG&P Milano
Collaboratore / Collaborator: Francesca Romanò

→ 2016-2021
TAMARIND BEACH RESORT
Canouan – Saint Vincent e Grenadine
Hotel and Villas / Hotel and Villas
Committente privato / Private client
Collaboratori / Collaborators: Valeria Matteri, Sara Puglia

→ 2016-2019
PATIO VILLAS
Canouan – Saint Vincent e Grenadine
Ville / Villas
Mandarin Oriental
Collaboratori / Collaborators: Valeria Matteri, Andrea Piatti, John William Valencia

→ 2017-2020
PATTARI 2 – AMPLIAMENTO STARHOTELS ROSA GRAND
Milano
Ristrutturazione e ampliamento / Restructuring and extension
Reale Immobili S.p.a.
Collaboratori / Collaborators: Marco Gualandris, Gabriella Cricrì

→ 2018
AMAN RESORT
Canouan – Saint Vincent e Grenadine
Hotel and Villas / Hotel and Villas
Committente privato / Private client
Collaboratori / Collaborators: Valeria Matteri, Sara Puglia, Giulio Ubini

→ 2018-2019
MARGUTTA 19
Roma
Ristrutturazione e interior design albergo / Restructuring, and interior design
Committente privato / Private client
Con / With: Studio Berlucchi
Interior design con / with: Nicola Gallizia
Collaboratori / Collaborators: Gabriella Cricrì, Giulia Salvioni

→ 2020-in progress
EX CASA DELL'OPERA NAZIONALE BALILLA – VIA MASCAGNI
Milano
Restauro e ampliamento / Restoration and extention
ONB Mode S.r.l.
Con / With: Studio Berlucchi
Collaboratori / Collaborators: Giulia Zambon, Carlotta Puleo

↓
STRUTTURE PUBBLICHE / PUBLIC BUILDINGS

→ 1999-2002
UFFICIO POSTALE E PARCHEGGI COPERTI / POST OFFICE AND PARKING GARAGES
Leuven – België
Uffici amministrativi e deposito / Administrative offices and storage
Comune di / City of Leuven
Con / With: De Gregorio & Partners

→ 1998-2004
SPORTCOMPLEX
Leuven – België
Edificio per lo sport al Philips Site / Sports hall on the Philips Site
Comune di / City of Leuven
Con / With: De Gregorio & Partners

→ 1998-2007
SCUOLA MATERNA PHILIPS SITE / KINDERGARTEN PHILIPS SITE
Leuven – België
Comune di Leuven (Belgio) / City of Leuven (Belgium)
Con / With: De Gregorio & Partners
Collaboratore / Collaborator: Pietro Porro

→ 1998-2003
EX MACELLO E PARCO CAVATICCIO / FORMER ABATTOIR AND PARCO CAVATICCIO
Bologna
Cineteca comunale, biblioteca, sede DAMS / City film library, library and DAMS theater workshops
Comune di / City of Bologna e / and Finanziaria Bologna Metropolitana S.p.A.
Progetto paesaggistico / Landscape: Carlo Masera
Collaboratori / Collaborators: Sara Biffi, Michele De Vecchi

→ 1999-2004
TEATRO LA FENICE
Venezia
Progetto di concorso / Competition design
Aldo Rossi
Con / With: Marco Brandolisio, Giovanni da Pozzo, Massimo Scheurer, Michele Tadini, Marc Kocher
Progetto di ricostruzione e ampliamento / Redevelopment and extension
Comune di / City of Venezia
Con / With: Ing. Edoardo Guenzani, Marc Kocher
Collaboratori / Collaborators: Massimiliano Molteni, Corrado Anselmi, Ilaria Brollo

→ 1999
PALAZZO DELLO SPORT DI MILANO / SPORTS HALL, MILAN
Comune di / City of Milano
Progetto paesaggistico / Landscape: Studio AG&P Milano

→ 2000-2007
MAMBO – MUSEO D'ARTE MODERNA DI BOLOGNA E EX FORNO DEL PANE
Interior design spazi museali e rinnovo ex Forno del Pane / Museum interior design and renovation of the former bakery
Comune di / City of Bologna e / and Finanziaria Bologna Metropolitana S.p.A.
Collaboratori / Collaborators: Sara Biffi, Mattia Guido Ghezzi, Elisa Franchi, Chiara Mangiarotti

→ 2001-2005
CHIOSTRI DEL CARMINE / CLOISTERS OF THE CHURCH OF SANTA MARIA DEL CARMINE
Brescia
Biblioteca universitaria interfacoltà / Interfaculty university library
Università di / University of Brescia
Con / With: Studio Berlucchi
Collaboratori / Collaborators: Chiara Mangiarotti, Maria Pilo Di Boyl

→ 2003-2010
TEATRO COMUNALE A POGGIO RUSCO
Mantova
Nuovo auditorium e piazza / New auditorium and square
Comune di / City of Poggio Rusco
Collaboratori / Collaborators: Laura Cavanna, Ilaria Brollo

→ 2005-2012
THEATRE NATIONAL POPULAIRE A VILLEURBANNE
Lyon, France
Ristrutturazione e ampliamento / Redevelopment and extension
Comune di / City of Villeurbanne e / and Conseil général du Rhône e / and Grand Lyon
Con / With: Xavier Fabre & Vincent Speller
Collaboratori / Collaborators: Luca Barbati, Pietro Porro

→ 2006-2020
TEATRO DONIZETTI
Bergamo
Restauro e ampliamento spazi teatrali / Restoration and expansion of the theater
Comune di / City of Bergamo
Con / With: Studio Berlucchi
Collaboratori / Collaborators: Elisa Codenotti, Maurizio Fagiuoli

→ 2006-2019
TEATRO SOCIALE A CAMOGLI
Genova
Restauro e ampliamento spazi teatrali / Restoration and expansion of the theater
Comune di / City of Camogli
Con / With: Studio Berlucchi
Collaboratore / Collaborator: Gabriella Cricrì

→ 2009-2011
ENOTECA DELLA REGIONE LOMBARDIA A BRONI / WINERY OF LOMBARDY REGION AT BRONI
Pavia
Ristrutturazione cascina e centro studi / Restructuring farmhouse and study center
Infrastrutture Lombarde S.p.A.
Con / With: Ing. Edoardo Guenzani
Collaboratore / Collaborator: Gabriella Cricrì

→ 2012-2021
TEATRO CIVICO DI RHO ROBERTO DE SILVA
Milano
Nuovo auditorium ex area Diana De Silva / New auditorium former Diana De Silva area
Bracco RE e / and Comune di / City of Rho
Con / With: Studio Banfi & Pezzetta e / and Studio Andrea Gola
Collaboratori / Collaborators: Gabriella Cricrì, Maurizio Fagiuoli

→ 2012-2013
HEYDAR ALIYEV MUSEUM
Baku – Azerbaijan
Allestimento mostra permanente / Installation of the permanent exhibition
Fondazione Heydar Aliyev / Heydar Aliyev Foundation
Con / With: Daniele Zambelli – Creative director Simmetrico Network – Production Michele Telaro – Project manager Massimo Fogliati – Technical director Devis Gobbi – Art director Clue – Content curator BC today – Video production Bonsaininja – Video production Gian Maria Serranò – Sound designer Ginette Caron – Logo design
Collaboratori / Collaborators: Maurizio Fagiuoli, Giulia Zambon

→ 2013
KHOJALY MEMORIAL COMPLEX
Baku - Azerbaijan
Edificio museale e nuova piazza /
Museum and new square
Fondazione Heydar Aliyev /
Heydar Aliyev Foundation
Con / With: Simmetrico Network
Progetto paesaggistico / Landscape:
Studio AG&P Milano
Creative director: Daniele Zambelli
Collaboratori / Collaborators:
Simona De Capitani, Maurizio Fagiuoli

→ 2013-2019
CASA DEGLI ARTISTI
Milano
Edificio per laboratori artistici /
Artists' workplaces building
Comune di / City of Milano e / and
Porta Tenaglia S.r.l.
Con / With: Studio Berlucchi,
Aldo Fontana
Collaboratore / Collaborator:
Giovannino Casu

→ 2014-2015
AZERBAIJAN PAVILION - EXPO 2015
Milano / Baku - Azerbaijan
Padiglione espositivo /
Exhibition Pavilion
Ministero della Cultura
dell'Azerbaigian / Ministry of Culture
of Azerbaijan
Con / With: Simmetrico Network
Progetto paesaggistico / Landscape:
Studio AG&P Milano
Creative director: Daniele Zambelli
Collaboratori / Collaborators:
Giulia Zambon, Maurizio Fagiuoli

→ 2019-2021
NUOVA PIAZZA DEL TEATRO
CIVICO DI RHO / NEW SQUARE
OF THE CIVIC THEATRE OF RHO
Rho - Milano
Spazio pubblico attrezzato /
Comune di / City of Rho
Con / With: Studio Margiotta

↓
INFRASTRUTTURE E MASTER
PLANNING / INFRASTRUCTURES
AND MASTER PLANNING

→ 1998-2006
PHILIPS SITE - LEUVEN
België
Masterplan edifici pubblici,
parco e parcheggi interrati /
Public buildings, park and underground
parking garage Comune di / City
of Leuven
Con / With: De Gregorio & Partners
Progetto paesaggistico / Landscape:
Carlo Masera

→ 2000-2005
PIANO REGOLATORE DI
SAN GIOVANNI VALDARNO /
MASTERPLAN FOR SAN GIOVANNI
VALDARNO AREZZO
Pianificazione urbana / Urban planning
Comune di / City of San Giovanni
Valdarno
Con / With: Luca Imberti e / and
Ufficio di Piano Comune S.G.V.

→ 2001
STADIO COMUNALE DI SAN
GIOVANNI VALDARNO / MUNICIPAL
STADIUM IN SAN GIOVANNI
VALDARNO
Arezzo
Ampliamento / Extension
Comune di / City of San Giovanni
Valdarno

→ 2001-2002
SA ILLETTA
Cagliari
Masterplan / Masterplan
Tiscali S.p.A.
Collaboratori / Collaborators:
Claudio Masini, Chiara Mangiarotti,
Sara Sacerdoti

→ 2011
CASCINA RADIO
Arese - Milano
Masterplan parco tecnologico, agricolo
e servizi / Technological, agricultural
and service park development
masterplan
Agricola Cascina Radio S.r.l.
con /with: Studio Banfi & Pezzetta
Progetto paesaggistico / Landscape:
Studio AG&P Milano
Collaboratore / Collaborator:
Giovannino Casu

→ 2010
CASCINA ANTONIETTA
Trezzano sul Naviglio - Milano
Masterplan sviluppo residenziale /
Residential development masterplan
Giardino dei Ronchi S.r.l.
Progetto paesaggistico / Landscape:
Studio AG&P Milano
Collaboratore / Collaborator:
Simona De Capitani

→ 2011
VIADOTTI SUL RACCORDO
ANULARE DI ROMA - A24 /
VIADUCTS ON THE ROME A24
RING ROAD
Mitigazione architettonica e
ambientale / Architectural and
development mitigation
TOTO HOLDING S.p.A.
Progetto paesaggistico / Landscape:
Studio AG&P Milano
Collaboratori / Collaborators:
Gabriella Cricrì, Maurizio Fagiuoli

→ 2012
COMPLESSO IMMOBILIARE DI
VIA ADRIANO 60 / REAL ESTATE
COMPLEX OF VIA ADRIANO 60
Milano
Masterplan valorizzazione edilizia /
Building enhancement masterplan
Infrastrutture Lombarde S.p.A.
Collaboratore / Collaborator:
Francesca Romanò

→ 2016-2019
CANOUAN MASTERPLAN
Canouan - Saint Vincent e Grenadine
Riqualificazione del fronte mare /
Water front redevelopment
Committente privato / Private client
Con / With: Stefano Boeri Architettii
Progetto paesaggistico / Landscape:
Studio AG&P Milano
Collaboratori / Collaborators:
Valeria Matteri, Andrea Piatti,
Sara Puglia, Giulio Ubini

→ 2020
LOTTO RESIDENZIALE R8 -
UP-TOWN MILANO
Milano
Masterplan sviluppo residenziale /
Residential development masterplan
EuroMilano S.p.a.
Progetto paesaggistico / Landscape:
Studio AG&P Milano
Collaboratori / Collaborators:
Francesca da Pozzo, Cecilia Bottoni,
Luca Lazzari

→ 2021
SVILUPPO RESIDENZIALE AREA
EX-CMR A RHO
Rho - Milano
Masterplan sviluppo residenziale /
Residential development masterplan
La Ducale S.p.a.
Con / With: Studio Banfi e Pezzetta
Progetto paesaggistico / Landscape:
Studio AG&P Milano
Collaboratori / Collaborators:
Francesca da Pozzo, Cecilia Bottoni

Questo volume è stato stampato nel mese di dicembre 2021 da Grafiche Zanini srl, Anzola dell'Emilia (Bologna), Italia

This volume was printed in December 2021 by Grafiche Zanini srl, Anzola dell'Emilia (Bologna), Italy